自治体予算の基本が1冊でしっかりわかる本

定野 司［著］

JN029245

学陽書房

はじめに──新版発行にあたって

　この本は、前著『一番やさしい自治体予算の本』の後継書です。

　前著が刊行されてから10年が経ち、その間には、少子高齢化の進行、社会保障負担の増加、雇用不安、生活保護者の急増、そして新型コロナウイルスによるパンデミックと、かつてない社会経済情勢の混迷が起こっています。一方、国、自治体を合わせた債務残高（借金）はGDP（国内総生産）の2倍、額にして1,200兆円という状況にあり、国や自治体を取り巻く財政状況は深刻の度合いを増しています。

　このような状況の中、予算編成には新しい手法が取り入れられ、新公会計制度を活用する動きが活発化するなど、自治体予算の取扱いにも様々な変化が起こっています。

　そこで、今回は自治体予算をめぐる最新事情を豊富に盛り込みました。さらに膨大な情報がある中で、全体をつかめるようにするためにも、「1冊でしっかりわかる」というタイトルが示すように、大事なポイントに絞り解説することとしました。1つの項目は見開きで手軽におさえることができる構成になっています。

　この本は単なる自治体予算の教科書ではなく、住民の納めた税金がどうやって使われているのか、いないのかを知っていただくための本です。そのため、専門的、学術的な理論よりも、予算の仕組みや考え方を平易に表現することを優先しているので、自治体職員はもちろん、住民のみなさん、自治体職員をめざしている学生、首長（知事や市町村長、特別区長など自治体の長のこと）や議員志望者など、自治体行財政に関心をお持ちの方、持とうとしている多くの方々にお読みいただけると思います。

　自治体の仕事はその規模が大きくなるほど分業化が進んでいます。中には「予算を学べと言われたけれど、自分の仕事は予算と全く関わりがない」という職員もいるでしょう。

　しかし、予算を伴わない仕事などありません。職員に給与を支払うにも、電話一本かけるにも、庁舎を開けておくだけでも予算が必要だから

です。本書は、予算編成や予算執行に直接携わっていない職員のみなさんにも、役立つはずです。

＊＊＊

ところで、中学校社会科（公民）のある教科書に「赤字バス路線に税金を使うべきか？」という授業があります。主権者教育の最前線です。

なぜ、バス利用者が減ったのか？　授業は調査から始まります。過疎化、少子高齢化、自家用車の普及、そして規制緩和によって民間バス会社の参入・撤退が自由化されたことなどがわかります。

調査が終わると、討論が始まります。対立から合意へ。運行本数の見直しやコスト削減、料金の値上げ・値下げ、デマンドバスやタクシーの運行、病院や福祉施設、スクールバスなどとの共同運行、規制緩和に規制緩和で対抗する貨客混載など、次々とアイデアが出されました。

一方、実際の行政はどうでしょう。

「昨年も一昨年も、これまでずっとやってきたから」

「やめるのがたいへんだから」

「補助金がついているから」

「誰も文句を言わないから」

中学生に教えられました。そもそもこの事業は何のために、誰の幸せのためにあるのか、そして、どんな社会を実現するために実施するか。それらを明らかにしなければ予算を使ってはならない、と。

直接的でも、間接的でも、予算に携わる私たちは、「そもそも論」を始めなくてはなりません。そもそも、この事業の目的は、目標は、経費は、効果は、将来は、など、前例を廃した議論を始めるのが、今、このときなのです。

この本がその端緒となって、私たちの暮らしと自治体の在り方、そして、持続可能な自治体運営とは何かを考えるきっかけになれば、これに勝る幸せはありません。

2023年5月

定野　司

目　次

◆

序　章

自治体予算をめぐる最新情報

1 自治体財政の現状

ここがポイント

- バブル崩壊、リーマンショック、これらの危機は借金で回避した
- こうした借金（赤字地方債）の残高は借金全体の 1/3 にあたる
- コロナのような外部要因の出現を誰が予想しただろうか？

財政も急には止まれない

　図表－1で半世紀の地方財政を概観しますと、順調に伸びていた地方税収入はバブル景気が終焉を迎えた 1992 年ごろから明らかに停滞し始めます。これは、景気の減速・低迷と、国がその対策として大規模な政策減税を行ってきたためですが、1993 年度の決算について地方財政白書（平成 7 年版）には「地方税が 2 年続けて前年度割れを起こしたのは戦後初めて」とあります。「右肩上がり」の日本経済に急ブレーキをかけたバブル崩壊の激しさを物語っています。

　一方、自治体の歳出は税収減とは無関係に 2000 年ごろまで増加します。これでは財源不足になるのも当然です。

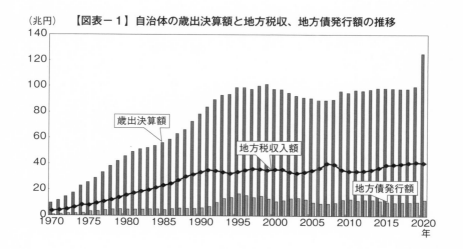

（兆円）　【図表－1】自治体の歳出決算額と地方税収、地方債発行額の推移

解消できない自治体の財源不足

　バブル崩壊後の 1994 年、政府は 5 年ぶりに赤字国債を発行します。

　図表－2は地方財政計画における地方交付税の財源不足を示したものですが、これを見ても明らかなように、地方財政も同様に財源不足に陥り、その額は年々増加し、2003 年度には 17 兆円にまで膨らみます。その後、財源不足は減少傾向に転じますが、2008 年 9 月、アメリカの有力投資銀行である「リーマンブラザーズ」の経営破綻をきっかけとした世界的な株価下落・金融危機（リーマンショック）が発生し、地方交付税等の原資となる国税 5 税の落ち込みにより財源不足額は再び増加に転じ、2010 年度には過去最高の 18 兆円を超えることになります。

　この財源不足を埋めているのが、地方債（借金）のうち、通常債（建設債）以外の赤字債です。減税分を補てんする減収補てん債、地方交付税の減少分を補てんする臨時財政対策債などの赤字債は、本来一時的、臨時に発行するものですが、今では自治体の発行する地方債の半分以上が赤字債という状況が長く続いています。景気回復とともに財源不足額は減少していますが、2022 年度は、地方税収入や国税 5 税の法定率分が増加する一方、社会保障関係費が増加するなどにより、財源不足は 2.6 兆円と、それでも大幅です。一方、自治体の借入金残高は、2022 年度末には 189 兆円になる見込みですが、そのうち 61 兆円が赤字地方債です。

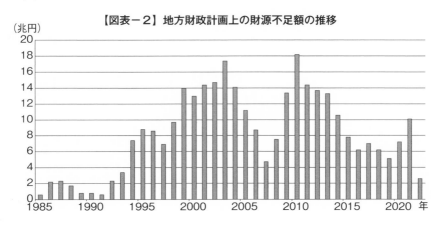

【図表－2】地方財政計画上の財源不足額の推移

2 組織への財源配分から、政策・施策への財源配分へ

ここがポイント

- 財源配分は、現場の知恵で現場の問題を解決する原動力になる
- 財源は成果を上げるために使われ、成果は行政評価で測定される
- 組織と政策・施策体系を一致させる（施策別枠予算）のが理想

包括予算制度（組織への財源配分）

　枠（財源）配分とは、財政部門に集中していた予算の査定権限の一部または全部を事業部門に委譲する手法です。事業部門に一定額の予算枠（財源）を与え、事業部門は自らが抱えている現場の問題を解決するために必要な予算を、自らの力で編成します。事前の査定より事後の評価を重視するため、事業部門の力量が問われる手法です。

　この手法のうち、事業部門の権限が幅広く自律性の高いものを「包括予算制度」と呼んでいます。この制度の特徴は次のとおりです。

① 　財源のできるだけ多くを配分します。小手先の権限委譲では意識改革につながらないばかりか、かえって非効率だからです。

② 　歳出予算の上限枠を決めるのではなく、財源を配分します。常に歳入を意識して予算編成することになります。

③ 　インセンティブは収支の結果に基づき与えられます。コスト意識が徹底され、事業部門の知恵でビルド＆スクラップが進みます。

④ 　人件費も例外ではないため、事業部門の知恵で民活が進みます。

⑤ 　権限委譲は予算編成に留まらず、契約権限の一部や予算の流用といった執行管理に及び、スピーディに行えるようになります。

⑥ 　「行政評価」をフィードバック回路とし、顧客である住民の評価、満足度が行政を動かすという仕組みを目指しています。

◤ 施策別枠予算（政策・施策への財源配分）

　「予算の枠配分」は、権限委譲に重点が置かれ、配分は相変わらず過去の実績に基づいて行われてきました。しかし中でも施策別枠予算では、行政評価における成果目標の達成度（業績）をもとに財源を施策別に配分することによって、成果目標がより明確になり、効果的、効率的な財政運営を図ることができます。組織と政策・施策の体系とを一致させることができれば、その効果をさらに高めることができます。

◤ マトリックス予算

　とはいえ、事業部門の部・課を、施策の体系と一致させることは、なかなか難しいものです。そこで、この施策（群）と事業部門を「縦」と「横」のマトリックスで捉え、これを予算編成に活かし、複数の事業部門を横断した施策別予算を目指すのがマトリックス予算です。

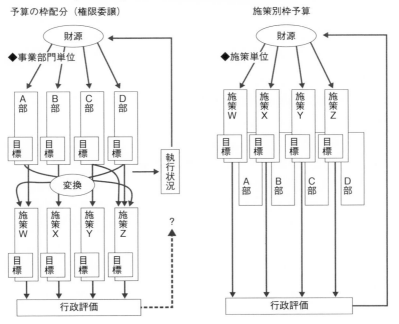

【図表－３】予算の枠配分、施策別枠予算のイメージ

3 コロナ禍の影響

ここがポイント

- 2020 年度決算は歳出予算の約2割がコロナ対策経費
- 性質別、目的別、それぞれの構成比は特異な値を示している
- しかし、衛生費の増加は総務費や商工費に比べて、ごくわずか

2020 年度決算は過去最高額

　2020 年度、新型コロナウイルス感染症対策に係る事業の増加等により、自治体の普通会計の純計決算額は、歳入 130 兆、歳出 126 兆円と、歳入、歳出ともに大幅に増加し、過去最高額となりました。

　コロナ対策による影響額は、歳出総額の 1/5、25.6 兆円でした。

性質別経費と目的別経費

　歳出を性質別に見ますと、ほとんどがその他行政経費で 24.8 兆円。うち補助費 18.5 兆円、貸付金 4.8 兆円とコロナ関連費が占めています。

　目的別に見ますと、総務費が 13 兆円の増加（133％）、特別定額給付金の増加によるものです。商工費が 6.8 兆円（141％）増加 、制度融資・時短営業協力金の増加によるものです。民生費が 2.2 兆円の増加（8.1％）、生活福祉資金貸付・一人親家庭臨時特別給付金の増加によるものです。一方、コロナ対策の直接経費である衛生費は、医療保健体制の確保の増加など 2.8 兆円の増加（44％）に止まっています。

コロナ対策の財源は国債

　次に、その財源ですが、国庫支出金が 20.1 兆円、次いで貸付金元利収入等が 4.5 兆円、これで 96％を占めています。その他、地方債 0.3 兆円、一般財源は 0.7 兆円でした。

　これをもって、国は「地方財政には影響しない」としていますが、国の財源は特例国債（赤字国債）です。影響がないわけがありません。

◤ 減収補てん債の発行で調整

　一方、新型コロナウイルス感染症の影響により地方税、地方譲与税が7,673億円の減となり、これを補てんする減収補てん債の対象税目が追加されました。減収補てん債の発行額は対前年度比8,017億円の増となり、その結果、令和2年度末における地方債現在高は、前年度末と比べると1兆1,268億円（0.8％）増えました。

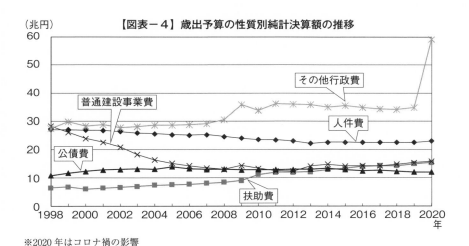

【図表－4】歳出予算の性質別純計決算額の推移

（兆円）

※2020年はコロナ禍の影響

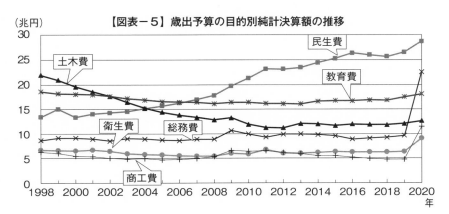

【図表－5】歳出予算の目的別純計決算額の推移

（兆円）

※2020年はコロナ禍の影響

4 公会計改革で変わるもの

ここがポイント

- 公会計改革とは財務書類をつくることが目的ではない
- 見えなかったものを見えるようにする
- 持続可能な自治体経営のために使う

◢ 財政状況の全貌を見通せるようになる ───────

　家庭で年間 800 万円の収入を何にどう使うかを決める、赤字にならないように使う。これが、これまでの官庁会計です。しかし、考えてみてください。現在価値 3,000 万円の住まい、同 70 万円の車、2,000 万円の住宅ローン。ストック情報がわかって初めて、我が家の家計を評価することができるのではないでしょうか。これが新しい公会計です。

◢ これまで見えなかったものが見えるようになる ──────

　図表－6 は、自治体の財務状況を、分析の視点別に 6 つに分類し、分析に必要な指標をそれぞれ、従来の指標（●）、財務書類による指標（○）を一覧にしたものです。○ばかりで●がひとつもない視点があります。資産形成度と効率性です。公会計改革による財務書類の作成によって、この 2 つを初めて評価できるようになったのです。

◢ 財務書類で得た情報が経営改革に活かせる ───────

　資産形成度の視点では、有形固定資産の行政目的別割合を年単位、期単位に算出することにより、行政分野ごとの社会資本形成の比重、その経年変化を把握することができ、さらに、これを類似団体と比較すれば、公共施設整備の方向性を検討するのに役立ちます。

　効率性の視点では、住民一人当たりの行政コスト、性質別・行政目的別行政コストを算出することにより、行政活動の効率性とその増減がわかります。結果を類似団体と比較すれば、客観的な評価が可能です。

【図表－6】財務分析の視点と指標

分析の視点	指　標
資産形成度	将来世代に残る資産はどのくらいあるか
	○住民一人当たり資産額 ○有形固定資産の行政目的別割合 ○歳入額対資産比率 ○資産老朽化比率
世代間公平性	将来世代と現世代との負担の分担は適切か
	○純資産比率 ○社会資本形成の世代間負担比率 　（将来世代負担比率） ●将来負担比率
持続可能性 （健全性）	財政に持続可能性があるか （どのくらい借金があるか）
	○住民一人当たり負債額 ○基礎的財政収支 ○債務償還可能年数 ●健全化判断比率
効率性	行政サービスは効率的に提供されているか
	○住民一人当たり行政コスト ○行政コスト対有形固定資産比率 ○性質別・行目目的別行政コスト
弾力性	資産形成を行う余裕はどのくらいあるか
	○行政コスト対税収等比率 ●経常収支比率 ●実質公債費比率
自律性	歳入はどのくらい税金等で賄われているか （受益者負担の水準はどうなっているか）
	○受益者負担の割合 ●財政力指数

○財務書類による財務指標　●従来の財務指標

5 ふるさと納税と主権者教育

ここがポイント

- ふるさと納税をする人が急増し、その控除額は 5000 億円を超えた
- ふるさと納税は納税者の税に対する意識を高めた
- 国と自治体、都市と地方の軋轢を生んでいることも事実

◢ ふるさと納税の仕組み

　ふるさと納税は、都道府県・市町村に対して納税（寄附）すると、その 2,000 円を超える部分について、一定の限度まで、原則として所得税・個人住民税から全額が控除される仕組みです。

　税制を通じて生まれ育ったふるさとに貢献することができ、あるいは自分の意思で応援したい自治体を選ぶことができる制度として創設されました（2008 年 5 月〜）。最近では、大きな災害に遭った被災地への寄附も増加しています。

　寄附のお礼として贈られる返礼品は制度外の任意の行為ですが、地元産品を使うことで地場産業活性化の一助となる一方、寄附金獲得のための過度な返礼品競争で一部の自治体が制度の適用外とされる、多額の税収減となる自治体が出ている、などの問題が生じています。

◢ 泉佐野市ふるさと納税訴訟

　2020 年 6 月、過度な返礼品を提供していたことを理由にこの制度から除外された泉佐野市が国を訴えていた訴訟で、最高裁は国の措置は違法だとして除外の取り消しを命じました。

　一方、総務省はそれまでなかった返礼品の基準を次のように定め、2019 年 6 月以降、従わない自治体を制度から除外することにしました。

① 　寄附金の募集を適正に実施する自治体であること
② 　返礼品の返礼割合を 3 割以下とすること
③ 　返礼品を地場産品とすること

大都市から流出する財源

　寄附限度額の引き上げや、確定申告が不要となる「ワンストップ特例制度」の導入などによって、ふるさと納税者数も、寄附額（控除総額）も急増しています（図表−7）。

　ふるさと納税による東京23区の減収額が704億円（2021年度）に達しました。これは区民税の23区平均額（約466億円）の1.5倍です。一方、この年の寄附受入最高額はM市の152億円でした。

　返礼品による見返りを受けた住民のみが恩恵を受け、ふるさと納税ができない住民は、減収による行政サービスの低下を招く懸念があり、住民の間に不公平が生じる可能性があります。また、ふるさと納税による減収分を地方交付税で補てんするため、結果的に地方交付税の財源を圧迫する要因になるなど、制度のひずみについての指摘があります。

【図表−7】ふるさと納税者数と控除総額の推移

ふるさと納税は主権者教育の一つ

　ふるさと納税は、納税者が納税先を選択する制度であり、税の使われ方を考えるきっかけとなる制度です。ふるさと納税によって、税に対する意識が高まり、納税の大切さを自分ごととして捉える貴重な機会になります。ふるさと納税が、国と自治体、都市と地方の軋轢を生んでいる事実も納税者として受け止め、考え、議論することも主権者として大切な義務です。

COLUMN
飲むに減らで吸うに減る

　「財産は、たまに飲む酒代で減ることはないが、1日に何回も吸うたばこ代では確実に減るので馬鹿にならない。大口の出費より、回数の多い小口の出費を見逃してはならない」という意味の諺です。

　この諺のとおり、「塵も積もれば山となる」精神で、鉛筆1本から査定していたころ、現場に落ちている「鉛筆（無駄）」を見つけることができたのは、財政課の職員ではなく現場の職員でした。そして、それに報いるために「褒章」ではなく予算制度そのもの、つまり仕事を私事（自分ごと）にでき、モチベーションを維持、向上させる仕組み（包括予算制度）が必要だったのです。これによって、小口の出費を見逃さない体制をつくることができました。

　それでは、「飲むに減らで吸うに減る」は本当なのでしょうか？

　たばこは2023年現在、だいたい1日1箱20本で600円です。一方、酒の計算は複雑です。厚生労働省によると酒は、「ビール中ビン1本（500㎖）」「日本酒1合」「ワイングラス2杯」などを1単位とし、男性は2単位、女性は1単位以上を「生活習慣病のリスクを高める飲酒量」としています。

　コンビニで見かけるビールのロング缶（500㎖）は1本300円くらいですから、2本（2単位）飲めばたばこ1箱の値段と変わりません。

　つまり、飲んでも吸っても財産は同じくらい減るのです。

　では、「飲むに減らで吸うに減る」は間違っているのでしょうか？　いいえ、ここでの「飲み」は居酒屋やレストランでの「飲み」で、コロナ禍で増えた「家飲み」いう小口の出費が考慮されていません。コロナ禍は諺をも変えてしまうのです。同じ意味の諺に「出遣いより小遣い」があります。これは、まだ有効です。

第 1 章

自治体の予算
とは何か

1 予算の執行は予算科目に縛られる

ここがポイント

- 予算は、款、項、目、節、細節、というように細分化される
- 款、項は議決を要する議決科目、それ以下を執行科目と呼ぶ
- 予算に過不足が生じたとき執行科目の範囲でなら流用することができる

予算書とは、どのようなものなのか

　税金の使い道を示す予算は、誰にでもわかるように「予算書」という形式で公開されています。ところが、この予算書はわずか数ページのものです。身近な自治体の予算書をぜひ、ご覧になってください。

　予算書を見ると、歳出予算は「款」に、さらに「項」に区分されています。これは、家計簿の「住宅費」「交際費」といった「区分」にあたるものです。自治体の歳出予算は「項」の数にして数十から百ほどに区分されます。ひとつの「項」が数億、数百億円になることもあり、家計簿の分類に比べればかなり大ざっぱです。これは、予算の大枠は議会で決め、細かなところは首長に任せているからです。首長が社長なら、議会は株主（代表）総会です。住民は株主であり顧客でもあります。自治体の運営は首長と議会、住民との信頼関係の上に成り立っているのです。

　そうはいっても、「薄い予算書だけでは、何に、どれだけお金を使うの

【図表－8】歳入歳出予算書（一部抜粋）

2 歳出　　　　　　　　　　　　　　　　　　　　　　　　　　　　単位：千円

款		項		金　　額
1　議会費				XXX,XXX,XXX,XXX
	1	議会費		XXX,XXX,XXX,XXX
2　総務費				XX,XXX,XXX,XXX,XXX
	1	総務管理費		X,XXX,XXX,XXX,XXX
	2	徴税費		XX,XXX,XXX,XXX
	3	戸籍住民基本台帳費		X,XXX,XXX,XXX,XXX
		・・・・・・		XX,XXX,XXX,XXX

かわからない」という議会や住民の求めに応じて、首長は分厚い「予算説明書」を予算書と一緒に提出します。予算書も予算説明書も国で定めた様式に基づいて作成されますが、こうした様式にとらわれない、もっと「よくわかる予算書」を作成し、公表する自治体が増えています。

◢ 議決科目と執行科目

図表−9は予算説明書の中にある歳出予算の事項別明細書です。予算書の区分は「項」からさらに細かく「目」「節」に区分されています。予算書に記載される「款」「項」は議会が決めることから議決科目と呼びます。それより細かい区分である「目」「節」は議決の対象ではなく、首長の裁量に任されているので執行科目と呼びます。

【図表−9】歳入歳出予算事項別明細書（一部抜粋）

歳出
議会費
単位：千円

款			本年度	前年度	比較	財源内訳				節		説明
	項					特定財源			一般財源	区分	金額	
		目				国庫支出金	地方債	その他				
1 議会費			XX,XXX	XX,XXX	X,XXX				XX,XXX			経常費 XX,XXX　臨時費 XX,XXX
	1 議会費		XX,XXX	XX,XXX	X,XXX				XX,XXX			職員 XX 名、人件費 XX,XXX
		1 議会費	XX,XXX	XX,XXX	X,XXX				XX,XXX	1 報　酬 3 職員手当等 4 共済費	XX,XXX X,XXX X,XXX	議会運営に要する経費 XX,XXX 議員報酬　　　　　　 XX,XXX 旅費　　　　　　　　 XX,XXX

◢ 予算の流用

執行科目の範囲でなら、つまり、「項」の範囲を超えなければ、首長は予算を融通することができます。これを「予算の流用」といいます。反対に「項」の中で賄えないような事態が生じた場合は、予算を変更しなければならず、議会の承認が必要となり、首長は議会に、これを補正予算として提出しなければなりません。

ただし、予算書の中で「同一款内で○○の経費について、各項の間で流用することができる」とあらかじめ決めておけば、首長は補正予算を提出せず、歳出予算の各項の経費を流用することができます。

2 予算がないとは、どこに「ない」のか

ここがポイント

・歳出予算を超えて支出することはできない
・歳出予算は配当を受けてはじめて使うことができる
・予算があっても現金がないとき、一時借入金でつなぐことがある

予算の配当で赤字決算を予防する

　予算書や予算説明書に記載されていれば自由にお金を使えるかというと、実はそうではありません。役所はいくつもの部局に分かれて仕事をしています。ですから首長は予算を各部局ごとに分けなくてはなりません。これを「予算の配当」といいます。予算は各部局ごとに積み上げた（細分化された）予算内訳書に沿って配当され、各部局はこの配当された予算を使って仕事をするのです。

　各部局の長はこれをさらに課、係まで細かく配当するのが普通です。役所の仕事が縦割りなのは単に縄張り意識が強いばかりでなく、このように予算の執行について細かい縛りがあるからです。

【図表－10】予算は課係にまで細かく配当される

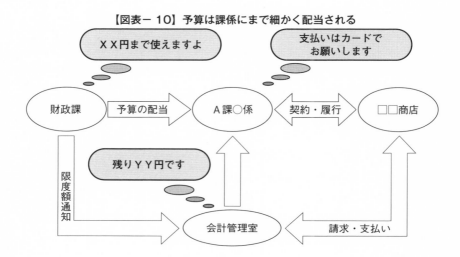

予算が課、係に配当されていないとき、役所ではこれを「予算がない」といい、しばしば仕事をしない理由にします。

　建物の工事や契約、物品を購入するとき、職員に給料を支払うとき、とにかくお金を使うときに必要なもの、それが予算（歳出予算）です。

　これに対し、歳入予算は収入の見積りであり、予算額を超えて収入することができます。しかし、歳入予算を小さく見込んでしまうと、歳出予算の総額は歳入予算の総額を超えることができないので、必要な歳出予算を組むことができなくなってしまいます。反対に、歳入予算を大きく見込み過ぎると歳入欠陥を起こし、赤字決算になる恐れがあります。

役所はクレジットカードで買い物をする!?

　お店で物を買う時、店員さんが「ご予算は、おいくらくらいですか？」とアバウトに聞くのは、客の財布のひもを緩め、少しでも高いものを買わせようという思惑があるからですが、自治体は配当された歳出予算の範囲内で買わなくてはなりません。しかし、自治体予算は年額で決めたものですから、予算はあってもお財布の中にお金のないことがあります。このときは、金融機関から借り入れることができます。

　これを「一時借入金」といい、あらかじめ予算書の中で「一時借入金の限度額」を決めておく必要があります。

　このように、役所はいつもクレジットカードで買い物をしているようなものなのです。このクレジットカードには、部課、係ごと、支払種別ごとに利用限度額が設けられ、その額を超えて使うことはできません。

予算がない時の対処法

　何らかの理由で、この利用限度額を超えて支出しなければならなくなったとき、次のような対処法があります。

- 執行科目の範囲内の流用
- 予算で定めた経費を、同一款内の各項の間で流用
- 予備費の充当（議会の否決した費目には充てられません）
- 補正予算の編成

3 役所のコスト意識が低いのはなぜか

ここがポイント

・配当された予算を使うことが仕事になってはいないか？
・これまでは、どれだけ予算を「使うか」が自治体の評価だった
・これからは、予算を使って、「何が、どれだけ良くなったのか」を評価すべき

◤ 予算配当方式のメリット、デメリット

「予算の配当」によって、歳出予算は予算額以上に使うことができないというルールが徹底できます。しかし、歳入予算との関係が断たれてしまうため、歳出予算を配当された部局、課、係のコスト意識は希薄になりがちです。結局、コスト意識を持っているのは、歳入と歳出のつじつまを合わせる財政部門だけ……、そういう役所が少なくありません。

これは、家計を預かる主婦（主夫）がいくら質素倹約に励もうと、家計のやりくりの厳しさが、子どもたちや他のお小遣い生活者になかなか伝わらないのと同じです。

◤ 民間企業におけるコスト意識

民間企業のコスト意識が高いのは、民間企業が利益を上げることを目標にしているからです。民間企業にとって予算（お金の使い道）は、利益を上げるための手段です。新しい事業に投資して失敗すれば、予算を引き上げることもありますし、儲けの出そうな思惑があれば、予算を追加して投資することもあります。このように、民間企業は予算を機動的に使います。機動的に動けない企業は競争に勝ち残れないからです。

民間企業にとって重要なのは予算を何に使ったかではなく、予算を使った結果、利益がいくら上がるかなのです。

◤ 民間企業の成果主義 VS 自治体の予算主義

一方、自治体には民間企業の利益にあたる明確な目標がありません。

目標が明確でないために、「予算を何に使うのか」が最大で唯一の目標になってしまうのです。

　首長は予算の編成権を独占しているにもかかわらず、自身の公約だけでなく、基本構想をはじめとする既存の計画や、法令上のさまざまな制約を受け、さらに議会を含め、多くの利害関係者との調整を経たうえで予算を編成しなければなりません。

　問題なのは、利害関係者の最大の関心事が「売上げ」でも「利益」でもない、予算配分だということです。多くのメディアが、「○○予算が前年度よりどのくらい増えたか、減ったか」を問題にします。

　このように、自治体予算は、どこに、どれだけのお金を使うのか、「配分」した時点でその目的はほとんど達成され、従来はその増減が自治体の評価になっていました。予算を使った結果、何が、どう変わったのか、民間企業の「利益」に代わる自治体の評価が「行政評価」という形でルール化されたのは、ごく最近のことです。

　ものごとを評価するには目標が必要です。目標が明らかになれば、次に必要なのは目標を達成するための手段です。その手段のひとつが予算であり、それを最小限にしようとする努力がコスト意識です。

　自治体にとって予算は大切ですが、自治体が何を、どのようにしたいのか、その目標を明確にしない限り、コスト意識は育ちません。

　我が家の「マイホームを持つぞ！」という漠然とした夢も、「３年後までに、マイホームの頭金○○○万円貯めるぞ！」と明確にすれば、親も子も、きっとコスト意識に目覚めるはずです。

●目標は具体的でないとコスト意識は生まれない

節約しなくちゃ！

無駄遣いしないようにしよう！

夢は一戸建て。３年後に○○○万円貯めるぞ！

4 出ずるを量りて入るを制す（量出制入）

ここがポイント

- 自治体の目的は収入に見合った生活ではなく、その役割を果たすこと
- 必要な経費を見込んで必要な税を徴収する財政の基本は「量出制入」
- 実態は、収入に合わせて支出を増減する「量入制出」つじつま合わせ

家計と自治体予算の違い

　家庭では、収入がたくさん入ってくるときは家族旅行ができたり、子どもたちのお小遣いも増えます。反対に収入が厳しくなったら食事を減らし、それでも足りなければ今より安い家賃のアパートに引っ越します。

　「収入に見合った生活をする」——これが家計の基本であり、「量入制出」そのものです。これは、決して間違っていません。

　しかし、自治体予算は家計とは違います。

　いま、A村の仕事が村に1本しかない橋の管理だけだとします。維持費がかかりますが、無料で利用できます。かかる費用を税金で賄っているからです。もし、この橋が壊れてしまったら、村の補給路は断たれ、生活できなくなってしまいます。村人はお金（税）を集めて渡し船を臨時にチャーターし、その間に橋を修理しなくてはなりません。

　このように、自治体は「収入に見合った生活をする」ためにあるのではなく、その役割を果たすためにあるのです。

分譲マンションの共益費は量出制入の代表例

　分譲マンションにおける共益費は「量出制入」の好例です。分譲マンションの所有者は全員が参加して管理組合をつくり、共益費を支払わなくてはなりません。分譲マンションには個々の所有する部屋の他に、廊下や階段、エレベーターや玄関エントランスなど、共同して維持管理しなければならない共用部分があるからです。

　共益費の額は、この共用部分の維持管理に必要な総経費を見積もり、

所有者間でどのように分担するのか、管理組合の総会で決定します。管理組合には規約と予算があり、予算は理事長（代表者）が執行します。

　管理組合を自治体とすれば、規約は条例、総会は議会、共益費は税金に当たります。マンションの老朽化が進み維持管理費がかさむようになれば、共益費を値上げしなければなりません。理事長は総会を開いて所有者の同意を得ることになります。このとき、マンション所有者の最大の関心事は、自分の支払った共益費が自分の受けるサービスに見合っているかどうか、ということです。コストに敏感になるのは当然です。

【図表－11】量入制出（左）vs 量出制入（右）

つじつま合わせの財政運営

　これまで、多くの自治体は税収の多いときには事業を拡大し、税収が減少するときには事業を縮小し、場合によっては廃止して、つじつまを合わせてきました。税収の減少に合わせて予算を削ることを行政改革と呼んでいる役所がありますが、これは「量入制出」の財政運営を行っているだけで、改革ではありません。

　そして、そのつじつま合わせにも、限界が訪れます。自治体財政運営の基本は「量出制入」です。自治体がその役割を果たすために必要な経費、それが住民の納める税金の総額に等しくなくてはなりません。しかし実際は、自治体が財政的に自律していない、あるいは自治体の果たすべき役割が明確でないために、つじつま合わせが繰り返されてきたのです。

5 自治体予算は何のためにあるのか

ここがポイント

- 予算は住民が議会を通して首長をコントロールするための手段
- 予算は首長（自治体）の政策や将来を映したロードマップ
- 自治体予算は本来、地方公共財を供給するためにある

　自治体予算は「政治」「行政管理」「経済」のための機能を果たしています。

①政治的機能〔首長をコントロールする〕

　首長も議会の議員も選挙で選ばれています。それぞれ「あれもする」「これもしたい」と住民に約束して当選したわけですから、予算の争奪戦で負けるわけにはいきません。予算審議に熱が入るのも当然です。首長には予算の提案権があります。しかし、議会の承認なく、予算を使うことはできません。つまり、予算は首長と議会との妥協の産物であり、予算は住民が議会を通して首長をコントロールするための手段です。

②行政管理機能〔自治体のロードマップになる〕

　予算がなければ役所は動きません。予算は首長が役所を動かし、政策を実現するための手段です。首長は自分の政策や考え方を予算に反映させ、それが着実に実行されるよう予算を管理し、役所を動かします。

　したがって、予算は首長（自治体）の政策や将来を映したロードマップです。予算を見れば、その自治体のことがわかります。だから私たちは、私たちの住む自治体の予算を知らなくてはならないのです。

③経済的機能

③－1所得再分配機能〔国の役割〕

　国は、累進課税制度や生活保護、雇用保険や年金制度などを通じて所得格差の緩和（所得再分配）を行っています。もし、これを自治体単位

に行えば、住民がより住民サービスの手厚い自治体へ引っ越してしまい
ます。したがって、自治体予算による所得再分配機能は、福祉サービス
における所得制限や低所得者に対する使用料の減免など、極めて限定的
なものに止まっています。

③－2 経済安定化機能〔国の役割〕

　国は、不況時には財政支出を拡大し、減税を行い、消費や投資を刺
激、拡大させます。好況時には財政支出を削減し、増税して需要を抑制
します。こうした政策介入が裁量的に行われることから、これをフィス
カル・ポリシー（fiscal policy、裁量的財政政策）と呼んでいます。

　また、課税額が好況時に増え不況時に減る累進課税制度や、好況時に
減り不況時に増える失業保険給付などには、ビルトイン・スタビライ
ザー（built-in stabilizer、景気の自動安定化装置）といって、景気変動
を自動的に安定させる機能があります。

　しかし、自治体はこのフィスカル・ポリシーを実施するために必要な
金融機能を持っていません。また、自治体単独で行うには財政規模が小
さ過ぎます。さらに、累進課税や失業保険給付を自治体が独自に行え
ば、③－1と同様に、より有利な自治体へ住民が引っ越してしまいま
す。したがって、自治体予算による経済安定化機能は、地方単独事業の
拡大または削減など、極めて限定的なものにならざるを得ません。

③－3 資源配分機能〔自治体予算本来の役割〕

　市場では供給できないサービス、供給できても不足するサービスを国
や自治体が自ら供給します。供給されるサービスを公共財といいます。

　公共財の中で、国防、外交、司法のように国が全国一律で供給する公
共財を全国公共財といい、警察、消防、道路公園、公衆衛生など、自治
体が地域の実情に合わせて供給する公共財を地方公共財といいます。

　所得再分配機能、経済安定化機能の大半は国の役割ですが、資源配分
機能の中の地方公共財の供給は、自治体本来の役割です。自治体予算は
地方公共財を供給するためにあるといっていいでしょう。

6 自律できない日本の自治体

ここがポイント

- 制度上、国、都道府県、市町村は対等な関係になった
- 機関委任事務が法定受託事務になっても国の強い関与は変わらない
- 国による財政統制によって自治体の裁量は小さくなっている

国と自治体の関係性は本来対等のもの

日本の地方自治制度は憲法と地方自治法に定められたもので、（失礼ながら）住民の関心が低くても、一定のサービスが住民に届けられる仕組みになっています。特に改正前の地方自治法では、自治体の仕事の7割が機関委任事務でした。機関委任事務とは首長を国の一機関と位置付けて処理する国の事務です。国は住民の選挙で選ばれる首長を法令や通達などでコントロールし、長い間、主従の関係に置いてきました。1991年まで、総理大臣は知事を罷免することさえできたのです。機関委任事務の存在は日本の中央集権型行政システムそのものでした。

長い議論の末、1999年、機関委任事務は地方分権一括法による地方自治法の改正により廃止。国の直轄事務になったもの、事務自体が廃止になったものを除き、大半が自治体の事務（法定受託事務）になりました。国、都道府県、市町村が初めて対等な関係に位置付けられたのです。

国による財政統制が行われている

国と自治体が対等な関係になったとはいえ、税を課すことに関しては法律（地方税法）の範囲内で自治体が条例で定めることになっています。しかし、実際には国が法律でほとんど画一的に決めています。一部に地方税法の標準税率を超える税率を条例で定めて課税する「超過課税」が認められていますが、法人住民税、法人事業税の例を除けば、実施されている例はわずかで、地方税に占める割合も3％程度に止まっています。また、地方分権一括法で許可制から事前協議制に移行した「法

定外普通税」や「法定外目的税」は（第4章の5）、地方税法にない税を自治体が条例を根拠に創設できるものですが、超過課税よりもさらに導入例は少なく、地方税に占める割合も0.1％程度と、ごくわずかです。

このような全国一律の課税制度では、税金を多く集められる自治体、集められない自治体が出てしまいます。そこで、この格差を埋めるために、国税の一部を自治体に交付するのが地方交付税制度です。図表－12は、自治体の歳入歳出決算の内訳と国との関連を整理したものです。地方交付税に国庫支出金、地方譲与税などを含めた国からの交付額、これに国との事前協議が必要な地方債の発行による収入額を加えた合計額は、地方税収額を上回っていることがわかります。また、自治体が地方債を発行する（借金する）には国との事前協議が必要です。

国によるこうした関与（統制）は歳入側だけではありません。

自治体の事務は、法定受託事務と、自治事務の2つに大別されます。戸籍事務や生活保護などの法定事務は、法令で細かく規定されており、自治体に裁量の余地がないばかりか、是正の指示、代執行など、国の強い関与が認められています。自治事務についても、介護サービスや国民健康保険給付事務など、法律の定めにより実施されているものが数多くあります。国の関与を受けない自治事務であっても、結局、歳入側の関与によって、自治体の裁量は実に小さなものになっているのです。

【図表－12】自治体の歳入歳出決算の内訳と国との関連

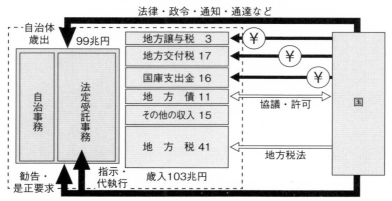

COLUMN
借りるときの地蔵顔、返すときの閻魔顔

　この「顔」は借りる人の表情です。お金を借りるときは「にこにこ」するが、返すときには「しぶしぶ」不機嫌な顔になることです。

　私の仕事だった福祉資金の貸付は、銀行から借りることができなかった人に融資するのでたいへん喜ばれました。子どものための修学資金などは無利子ですし、事業資金も極めて低利です。しかも、生活保護受給中なら返済額は収入から控除されるので、負担はさらに軽減されます。

　「返済期日が過ぎています」「……（泣き声）」

　泣きながら、窮状を切々と訴え続ける受給者に私は言いました。

　「返していただかないと困るんです」

　貸付金の原資は私個人の金ではなく、税金です。ある時払いの催促なしというわけにはいきません。

　すると、受給者は泣くのをやめて、今度は怒り出しました。そして、とうとう机の上に自分の財布の中身をぶちまけたのです。

　しかし、出てきたのは硬貨ばかり。それでも、私は硬貨をひとつずつ拾い上げ、10円、20円と数えました。

　「計300円、こちらが領収書です」「！！！」

　どんな言葉を浴びせられたかって？　覚えていたら公務員という仕事を続けることはできなかったでしょう。

　さて、「借りるときの地蔵顔、返すときの閻魔顔」の「顔」は借りる人の顔でした。しかし、これが借りる人ではなく貸す人の顔だったら？　どんな意味になるか想像してみてください。

　悪徳高利貸が貸すときには（いいカモが来たと）「にこにこ」。返すときは一変して、容赦のない厳しい取り立て。

　何だか、このほうがしっくりくるから不思議です。

第2章

歳入歳出予算だけが
予算じゃない

1 誰もが知ってる「歳入歳出予算」①使い切り予算

ここがポイント

- 歳入予算は収入の見積もり、歳出予算は支出の見積もり
- 使い切り予算を悪いことだと思っていない自治体職員
- 不用額は次年度以降に活用できる貴重な財源となる

現金出納簿と家計簿

みなさんはお小遣い帳や家計簿をつけていますか？

お小遣い帳に代表される現金出納簿は収入と支出を記録し、その残高と実際の現金が合っているかどうか、金銭管理を行うものです。これに対し家計簿は、1ヶ月の収入を見積もり、それを家賃、食費、交通費、医療費などの支出項目ごとに、あらかじめ上限額を割り振り、項目ごとの支出の総額が上限額を超過しないよう、支出の管理を行うものです。

歳入歳出予算は自治体の家計簿です。歳入予算は収入の見積り、歳出予算は支出の見積りです。家計簿は給料のほとんどが月給制なので1ヶ月ごとに見積もりますが、自治体の歳入歳出予算は4月から翌年3月までの1年度を単位に見積もります。

使い切り予算

歳入予算総額と歳出予算総額は同額でなければなりません。「そんなこと当たり前じゃないか」と聞こえてきそうですが、でもこれこそが、歳入予算に計上するその年度の収入を全部、歳出予算に計上して使い切ってしまう「使い切り予算」の元凶です。年度末の2～3月に道路工事が増えるのは、この「使い切り予算」の典型です。

もちろん、年度末になって「予算が残っているから」と必要もないのに予算を使えば、これは無駄遣いです。実際、そういうこともあるでしょう。しかし、あっちもこっちも道路の補修工事をやらなくてはならない担当課では、今年度残っている予算を使って少しでも多く仕事を

し、来年度の予算が削られても（苦情の出ないように）乗り切ろうと考えます。そういうわけで、多くの自治体職員は「使い切り予算」を（そんなに）悪いことだとは思っていないのです。

「今月、ボーナス入ったから温泉に行こう！」「今月は少し余裕があるからトイレットペーパーを買いだめしておこう」いずれも身近な「使い切り予算」です。一概に悪いとはいえません。

◤ 不用額

一方、歳出予算を使い切らなかった場合、残るのが不用額です。見積りより低価格で契約ができた、見積りより需要が少なかった、事業そのものが天候、事故、その他の理由により中止になったなど、計画どおりに予算を執行できず、不用額が出ることはよくあることです。

「不用」という言葉の印象から、不用額の多さを問題にした時代もありました。不用額が多いのは「予算編成時の見積りが甘かったからか、仕事をしなかったからだ」というわけです。しかし、問題にすべきは予算をいくら使ったかではなく、予算を使って事業の目的、目標がどのくらい達成されたのか、されなかったのかということです。

現在では、この「使い切り予算」が批判され、事業執行の合理化、効率化の過程で生まれた不用額は、次年度以降に活用できる貴重な財源として捉えられるようになりました。

◤ 肥大化する歳出予算

「あれもやる」「これもする」首長や議員のみなさんは選挙の際、たくさんの公約を掲げます。「あれがほしい」「これもほしい」——これをかなえてくれそうな候補者に投票する有権者（住民）がいます。この公約実現のため、予算は少しでも多い方がいいわけですから、放っておけば歳出予算はどんどん肥大化してしまいます。

遠い未来より目先の今が大切。しかし、そのツケは有権者であり住民である納税者が支払うことを忘れてはいけません。

2 誰もが知ってる「歳入歳出予算」
②歳入予算における財政調整基金の役割

ここがポイント

- 歳入予算を確実な線で小さく見込むと歳出予算が組めなくなる
- 歳出予算に余裕を見込むと多額の不用額が出る
- 歳入予算と歳出予算のバランスをとるには財政調整基金が必要

歳入予算における財政調整基金の役割

　歳入の中心となる税収は、調定額×収納率です。調定額（所得に応じた課税額＝100％収納できたときの額）も収納率（実際に収納される割合）も、景気の動向に左右されます。強め（多め）に見込みたいところですが、歳入欠陥（収入不足）という事態は避けなければなりません。

　そこで活用されるのが財政調整基金です。財政調整基金は、いざというときの備え、使途の限定のない自由に使える貯金です。

　会計年度の始まる前に編成する、年間を見通した予算（当初予算）の歳入は、堅く確実なところで見込み、不足分は財政調整基金からの繰入金を計上してしのぎます。そして税収が概ね確定したころ、補正予算で基金からの繰入れを解消、ないし減額します。つまり、財政調整基金をできるだけ取り崩さないよう、財政運営していくのです。

　家計にもいざというときの備えが必要です。

　子どもが今月から塾に通うことになったので、いざというときのために貯めていた「定期預金」を解約することにしました。でも、お父さんが係長になった際には手当が増えるので「定期預金」を解約しませんでした。この例では、（失礼ながら）確実とはいえないお父さんの係長昇進を当初予算で見込んではいけません。歳入欠陥を起こし、赤字決算になりかねないからです。

　「身の丈」に合った予算を組むのは、家計も自治体も同じです。

　このように予算編成に欠かせない役割を果たす財政調整基金ですが、

全自治体で8.2兆円（2021年度末）、予算規模の約6〜7％が確保されています。経験上、この程度はほしいところです。

◢ 歳出＝歳入にする方法

　肥大化する歳出予算に対して、収入の見積りである歳入予算は景気が良くなるか、増税でもしない限り簡単には増えません。歳入歳出のバランスをとるのに妙案はなく、①行政の仕事を減らして歳出を削る、②手数料や使用料の値上げなどを実施して歳入を増やす、この2つを着実に実行するしかないのです。このつじつま合わせを「行政改革」と称する自治体がありますが、これは改革ではなく、自治体の普通の仕事です。

　民間企業のように、仕事を増やして収益を上げ、財政状況を改善させることができないのが、自治体の弱みです。

　普通の仕事ではない「行政改革」のヒントは第7章にあります。

【図表－13】収支のバランスをとるには

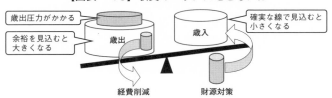

◢ 歳出予算の「残る要素」と「足りなくなる不安」

　自治体が工事を行い、物を買うときは競争入札が原則です。競争入札とは、同じ仕事を複数の事業者に見積もらせ、一番低い金額を提示した者に仕事をお願いするという仕組みです。予算で予定した金額と実際に契約した金額との差を「契約差金」と呼び、歳出予算の一部は使われずに残るのが普通です。一方、インフルエンザが流行して医療費が増えたような場合、これを払わないわけにはいきません。年度当初に計上した予算で足らなければ、追加の予算（補正予算）を組む必要が出てきます。

　このように、歳出予算には常に「残る要素」と「足りなくなる不安」の2つが存在します。

3 何て読む？ 「繰越明許費」

ここがポイント

- 年度末までに執行できなかった予算を次年度に繰り越すことができる
- 「くりこしめいきょひ」は予算上の措置、事故繰越は執行上の措置
- 官庁会計には企業会計にはない出納整理期間がある

■ 契約済の工事の期間を延長する

　我が家のリフォームをお願い（契約）したけれど、天候不順で工事が遅れ、来月、代金を支払うことになりました。定期預金を解約して用意してあったのですが、現金は来月に繰り越します……。

　自治体予算は年度単位に編成されます。工事や仕事が年度内（3月31日まで）に終わる見込みのないとき、これを繰越明許費として予算に計上し、議会の承認を得て、次年度に支払うことができます。繰越明許費に計上すれば、未契約の仕事を次年度に契約することもできます。

■ 予算を流す

　歳出予算によって、議会は首長に支出の権限（限度額）を与えますが、同時に、首長は議会にその執行を約束したことになります。歳出予算を執行しないことを「予算を流す」と称することがありますが、理由もなく予算を流すのは議会や住民に対する約束違反です。これは、創意工夫や節約によって「予算を残す」こととはまったく違うものであり、厳に慎まなくてはなりません。

■ 事故繰越

　繰越明許費は歳出予算を翌年度に繰り越して使うことができる、予算上の唯一の方法です。これに対し、事故繰越は年度内に契約し、やむを得ない事情によって、年度内に支出できなかったものについて、これを繰り越す予算執行上の措置です。

繰越明許費も事故繰越も、出納が閉鎖される5月31日までに繰越計算書をつくって、議会に報告しなければなりません。

◤ 出納整理期間・出納閉鎖

　自治体の会計は4月1日から翌年3月31日までの1年度を単位にしています。出納整理期間とは、会計年度終了後の4月1日から出納閉鎖の5月31日までの2ヶ月間のことで、前年度の未収未払の整理を行うために設けられた期間です。

　出納整理期間を設けることによって、3月に竣工した工事の代金を4月に、前年度（歳出予算として計上した年度）の予算で支払うことができます。3月末日を納期とした収納金が4月になってから払い込まれたら、これを前年度（歳入予算として計上した年度）の収入として取り扱うことができます。つまり、出納整理期間中は前の年度と今の年度の2つの財布が開いているのです。

　出納整理期間は、あくまで現金の収支を整理する期間であって、すでに経過した前の年度に遡って、補正予算を編成することはできません。また、課税したり、契約したりすることもできません。

　この出納整理期間は役所の会計（官庁会計）の特徴のひとつで、発生主義会計を採用している民間企業や地方公営企業にはない制度です。

【図表－14】出納整理期間には2つの財布が開いている

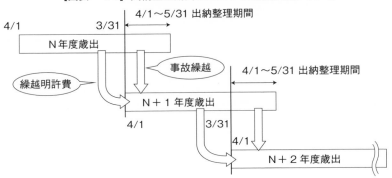

4 使いにくい「継続費」と後がこわい「債務負担行為」

ここがポイント

- 次年度以降の予算を拘束しないという予算単年度主義の例外
- 複数年にわたる契約行為（支出負担行為）が可能になる
- 手続きが面倒という理由で継続費より債務負担行為が多用されている

継続費の逓次繰越

【図表－15】予算書上の継続費の例

単位：千円

款	項	事 業 名	総 額	年 度	年割額
8 土木費	5 都市計画費	(仮称)XX公園整備事業	2,500,000	令和4年度	500,000
				令和5年度	500,000
				令和6年度	500,000
				令和7年度	1,000,000

　大規模な工事では予期せぬ事態が生じ工事が遅れ、計画通り予算が執行できないことがあります。そこで継続費では、不用額が出た場合、つまり歳出予算が余った場合、これを次年度に繰り越すことができ、それでも不用額が出た場合、さらに次年度に繰り越すことができます。これを継続費の逓次繰越と呼んでいます。「逓次」とは、「次々と、順次」という意味です。

【図表－16】継続費の逓次繰越

■ 債務負担行為 VS 継続費

【図表－17】予算書上の債務負担行為の例

単位：千円

事　項	期　　間	限　度　額
学力向上に関する調査委託費	令和5～6年度まで	XXX,XXX,XXX
市道25号線用地取得事業	令和5～8年度まで	XXX,XXX,XXX
市道B117号線用地取得事業	令和5～8年度まで	XXX,XXX,XXX
市道13号線用地取得事業	令和5～8年度まで	XXX,XXX,XXX
大型高速プリンタ賃借	令和5～8年度まで	XXX,XXX,XXX
XX市土地開発公社に対する債務保証	令和4～14年度まで	XX市土地開発公社が協調融資団から借り入れる事業資金15億円および利子相当額
XX市土地開発公社からの用地取得費	令和4～14年度まで	XX市がXX市土地開発公社から取得する用地費

　例えば、令和4年度から6年度にかけて総額6,000万円の学力調査をA社に委託したとします。支払いは各年度2,000万円としました。このとき、令和4年度歳出予算に2,000万円を計上しただけでは6,000万円の契約を結ぶことはできません。そこで、令和4年度予算の中の「債務負担行為」として令和5年度から6年度の期間で4,000万円を計上します。これで初めて総額6,000万円の契約ができます。

【図表－18】債務負担行為

0円の場合もある

契約額　6,000万円	
令和4年度予算額 2,000万円	令和5～6年度 債務負担行為限度額 4,000万円

来年のことは来年考える！

　継続費で同じことをするには、歳出予算に2,000万円を計上したうえで、令和4年度、5年度、6年度にそれぞれ年割額として2,000万円を計上する必要があります。継続費ではさらに、予算に付属する「予算に関する説明書」に「継続費に関する調書」を添付し、各年度の5月31日までに「継続費繰越計算書」を、事業期間終了後には決算に合わせて「継続費精算報告書」を、それぞれ議会に報告しなければなりません。

　これに対し、債務負担行為は「契約」だけを認める制度であり、継続費のような煩雑さがないため、重宝され、逆に継続費は利用されなくなっています。もちろん、契約締結後は毎年度、歳出予算を間違いなく計上しなくてはなりません。そのときは、「予算がない」とはいえません‼

- 継続費ではできない金額の定めのない契約（支出負担行為）
- 継続費ではできないゼロ債務（初年度予算計上額ゼロの債務負担行為）
- 債務負担行為は、次年度以降、確実に予算を付けなければならない

■ 金額の定めのない債務負担行為

　債務負担行為である「契約」には損失補償や債務保証など金額が確定しないものも含まれます。外郭団体が金融機関から融資を受ける際に自治体が債務保証する、というようなケースです。

　「友達から自動車ローンを組むので保証人になってほしいといわれたんだけど……」

　「いくらの車なの？」

　万一の時は、自動車の代金と利子相当分を覚悟しなければなりません。金額も知らずに、簡単に保証人にはなれませんね。

■ （通称）ゼロ債務

　令和4年度から6年度にかけて総額6,000万円の学力調査をA社に委託する例では、令和4年度の支払額をゼロに、つまり歳出予算に一銭も計上せずに6,000万円の契約をすることができます。契約期間が年度途中から始まり、出来高がなく初年度に支払いが生じない場合などに用いられます。この場合、初年度となる令和4年度予算には歳出予算を計上せず、期間を令和4年度から6年度とした6,000万円の債務負担行為を計上します。

　この通称「ゼロ債務」は、先の自動車ローンの例でいえば「頭金の要らないローン」です。便利だからといって使い方を誤ると、たいへん危険です。

長期継続契約

電気、ガス、水の供給、電気通信役務の提供を受ける契約、不動産を借りる契約については、債務負担行為を予算で定めなくても、契約期間を複数年とする契約ができます。ただし、契約中に「予算の範囲内において」「予算の定めるところにより」などの文言を入れ、歳出予算の有無を契約の解除（変更）条件とします。

また、政令の範囲内で、自治体が条例により、その対象範囲を拡大することができます。例えば、複写機、電子機器、OA機器等の賃借、施設の維持管理、清掃など、単年度の契約では安定した業務の遂行に支障を及ぼす契約です。

役所は「単年度主義」といわれますが、実際は、こうした現実的な対応もできるようになっているのです。

お金がなくても使える予算

自治体がお金を使うには予算が必要です。しかし、この「予算」とは歳出予算のことだけではありません。これまで見てきたように、次のいずれかの金額が計上されていれば、お金の支払いを伴う契約をする、つまり、お金を使うことができるのです。

① 歳出予算の金額　② 繰越明許費の金額
③ 継続費の金額　④ 債務負担行為の限度額

【図表－19】バランスを欠きやすい自治体予算

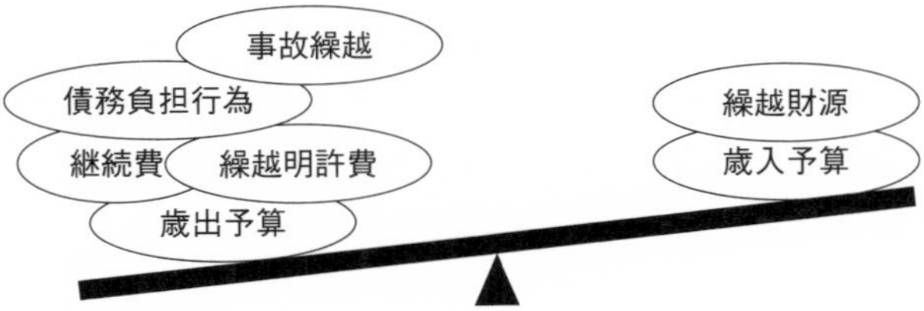

ここがポイント

- 自治体が発行できる地方債は、建設債が原則だが赤字債が増えている
- 地方債を発行することで将来の納税者にも負担を負ってもらう
- 将来の返済額（償還額）を推定しながら地方債を発行する

地方債は自治体の住宅ローン

【図表－20】予算書上の地方債の例

単位：千円

起債の目的	限度額	起債の方法	利率	償還の方法
XX川橋りょう整備事業	XXX,XXX	普通貸借または証券発行	5.0%以内（ただし、利率見直し方式で借り入れる政府資金及び地方公共団体金融機構資金について、利率の見直しを行った後においては、当該見直し後の利率）	起債のときから据置期間を含め30年以内に償還する。財政の都合により繰上償還をなし、又は低利債に借換えすることができる。
旧私立病院東棟改修事業	XX,XXX	〃		
新空港整備負担事業	XX,XXX	〃		

　地方債の発行は、家庭でいえば住宅ローンと同じです。若いうちに住宅ローンを組んでマイホームを建て、働きながら返す。そうすれば、早くからマイホームに住むことができます。反対に、お金を貯めてから建てるとしたら、マイホームに住むのは何年も先になってしまうでしょう。

　地方債の発行によって、必要な行政サービスを早期に実現することができます。地方債の発行できる事業は法律によって決められています。

- 公共施設建設事業費、土地購入費
- 水道、交通事業のような地方公営企業に要する経費
- 災害応急、災害復旧、災害救助事業費
- 出資金および貸付金
- 地方債の借り換えのために要する経費

世代間の負担の公平

　学校や体育館など、何十年も使う施設の建設を一世代の税金で賄うの

【図表－21】地方債の考え方

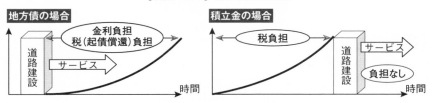

は公平とはいえません。後世の住民に償還費用を負担してもらうことで、世代間の公平を図るのも地方債の役目のひとつです。

　2011年の東日本大震災では大きな被害が出ました。このような数十年、数百年に一度起こる震災からの復興と国土の安全のためには、世代を超えた負担が必要です。国債や地方債にはその役割もあります。

地方債は許可制から協議制へ

　地方債の発行は、都道府県は総務大臣の、市町村は都道府県知事の許可が必要でしたが、2006年度から協議制に移行しました。ただし、地方債全体の信用を維持するため、一定額以上の赤字を出した場合、公債費比率が高い場合など、許可を得なければ発行できないことがあります。

自治体の借金総額 189 兆円

　自治体の赤字債が増加しています。退職手当債、減税補てん債、臨時財政対策債などの残高は全体の2割を超えました。これらは、取得する住宅を担保にする住宅ローンではありません。歳入不足を補うため、例外的に発行するものです。

　この赤字債以外の地方債を建設債（通常債）と分けて呼んでいます。でも、いったん発行してしまえば、借金に、いいも悪いもありません。

　自治体の税収は約40兆円（2021年度決算）、これに地方交付税などを加えた一般財源でも約60兆円ですから、自治体には年収の3倍近い借金があります。一方、返済額（公債費）は11兆円（同年度）です。年収の1/6をローンの返済に充てています。これを返すのは誰でもない、納税者である住民です。みなさんの家計簿と比べてみてください。

7 いざというときの「一時借入金」

ここがポイント

- 予算はあっても、いつも金庫に現金があるとは限らない
- 一時借入金は年度末までに入金され返済できる見込みがあるなら借りられる
- 返済できなかったら、翌年度の収入で補う（繰上充用）

▨ 運転資金を借りる

　家計簿は支出を、金銭出納簿は金銭を管理する手段です。ところが、支出は予算の範囲内でしっかり管理されていても、月給の遅配など収入が予定どおり入らなかったり、月謝などを年2回、まとめて支払わなければならなかったり、手元に現金のないことがあります。家庭であれば貯金をおろして支払います。そして、収入が入ったら貯金に戻します。

　自治体も同じで、支出に合わせて収入が入ってくるわけではありません。会計年度が4月に始まるのは税収が最も多く集まる時期だから、と聞いたことがありますが、いずれにしても一時的に資金不足になることが考えられます。これを埋めるには、貯金をおろす、特別会計を含め他会計のお金や、積立基金などのお金を融通（繰替運用）する、などの方法があります。それでも足りないときは、金融機関から借金することができるというのが一時借入金です。予算では、その限度額を定めます。

　「クレジット会社から、残高不足で引き落とせないから○○日までに入金してくれって……」「困ったな、来週の給料日まで立て替えておいてくれない？」「そんな金ないよ！」

　我が家にも一時借入金があったらいいのに（そう思いませんか？）。

▨ 借りたら返す

　一時借入金は「一時」というくらいですから、年度内（出納の閉鎖される5月31日まで）に、その年度の収入で返済しなければなりません。

　同じ借金でありながら、地方債の発行による収入は歳入予算に計上し

ますが、一時借入金は計上しません。これは、自治体の予算が年度末には「歳入＞歳出」となり、清算できる（返済できる）ことを前提に、金融機関から短期間、借り入れるものだからです。一時借入金は一時的な資金不足を補うもので、歳入予算とは関わりません。

◢ 返せなかったら「前借り」する

　仮に、この一時借入金を返済できなくなったらどうなるのでしょう？返済できないときとは、年度末に「歳入＜歳出」となる見込みのときです。歳出には予算のしばりがかかっていますから、「歳入＜歳出」の原因は歳入の見積り誤りにあります。こうなると、予算に関わってきます。

　こういうとき、自治体は翌年度の収入を前借りします。これを繰上充<ruby>用<rt>よう</rt></ruby>といいます。家計でいえば給料の前借りと同じです。

　（ここだけの話ですが）「借り」だから返すのかというと、返さないのも給料の前借りと同じです。そういった意味では「借り」より「繰上」のほうがふさわしい名称だといえます。

　繰上充用によって当座の赤字決算を防ぐことはできます。しかし、同じことを繰り返せば、翌年度は繰上充用した額の２倍の歳入不足を起こすことになります。別の歳入を確保するか、歳出を削減するか、その両方を行うか、補正予算に計上して実行する必要があり、財政運営はさらに厳しいものになります。

　そうです、給料を前借りしても生活が楽になるわけではありません。

【図表－22】前借りしても楽にはならない

8 できない流用をできるようにする 「歳出予算の各項の経費の金額の流用」

ここがポイント

- 議決科目でも予算に定めておけば流用できる場合がある
- 執行機関限りでできる執行科目の流用にもルールがある
- 予算超過の支出には予備費の充当という手段もある

予算で定める事項の経費の流用

　歳出予算の区分のうち「款」と「項」は議決科目ですから（第4章の7）、予算に過不足が生じた場合でも、相互の流用はできません。ただし、あらかじめ予算で定める事項に関しては、例外として同一款内の各項の間の流用が認められます。
（一般会計における例）
　各項に経常した給料、職員手当等及び共済費に係る予算額に過不足を生じた場合における、同一「款」内でのこれらの経費の各項の間の流用。
（国民健康保険特別会計における例）
　保険給付費の各項に計上した予算額に過不足を生じた場合における、同一「款」内でのこれらの経費の各項の間の流用。

いい流用

　一般に「流用」というと、本来使ってはならない使途にお金を使うこと、「公金の私的流用」などのように犯罪をイメージされることが少なくありません。一方、大切に使っている製品を修理する際、部品の保存期間が切れていて、やむを得ず他の製品のパーツを流用（転用）することがあります。同じ「流用」ですが、これは悪いことではありません。ルールに則った予算の流用は後者です。決して悪いことではありません。
　自治体の役割を果たすために必要なら、予算執行上にも創意工夫があっていいはずです。

◤ 悪い流用

　ルールに則っていても、やってはならない流用があります。予算は政策を実現するための手段であり、ときには政策そのものになります。首長が議会とともに練り上げた予算とまったく異なる政策や施策に流用することや、議会が否決した予算に流用することは厳に慎むべきです。大きな政策変更をする際には、補正予算を編成するのが、正しい方法です。

◤ 予備費の充当

　予算流用の他、予算超過の支出に充てるための手段として、予備費の充当があります。予備費とは予算外の支出、予算超過の支出に充てるため、あらかじめ使途を特定せずに歳出予算に計上するもので、一般会計には必置、特別会計では任意となっています。

　予算がない場合や予算が不足する場合は、補正予算を編成し議決を得るのが原則ですが、能率的な行政運営を図るため、緊急を要する場合や比較的軽易な事案に対処する手段として認められているのです。

　予備費は「款」のひとつですが、そこから直接支出するのではなく、流用と同じく、必要とする費目に移され、配当され、支出されます。

　なお、予備費を議会の否決した使途に充てることは法律で禁じられています。

◤ 予算現額

　歳出予算には当初予算成立後、補正予算、繰越予算（継続費逓次繰越、繰越明許費、事故繰越）、流用、予備費の充当といった動きがあり、これらの総和、すなわち、ある時点での予算額を予算現額と呼んでいます。

　一方、歳入予算の動きは補正予算によるものだけです。

9 予算書の最初のページを読む

ここがポイント

- 予算は「議案」という形式で議会に付議される
- 予算書には「予算に関する説明書」が添付される
- 予算書の形式は国の規則で定められ、これを変えることはできない

【図表－23】予算総則の例

議案第ＸＸ号

令和ＸＸ年度ＸＸ市一般会計予算

令和ＸＸ年度ＸＸ市の一般会計の予算は、次に定めるところによる。

（歳入歳出予算）

第１条　歳入歳出予算の総額は歳入歳出それぞれ XX,XXX,XXX 千円と定める。

2　歳入歳出予算の款項の区分及び当該区分ごとの金額は、「第１表 歳入歳出予算」による。

（継続費）

第２条　地方自治法第 212 条第１項の規定による継続費の経費の総額及び年割額は、「第２表 継続費」による。

（繰越明許費）

第３条　地方自治法第 213 条第１項の規定により翌年度に繰り越して使用することができる経費は、「第３表 繰越明許費」による。

（債務負担行為）

第４条　地方自治法第 214 条の規定により債務を負担する行為をすることができる事項、期間及び限度額は、「第４表 債務負担行為」による。

（地方債）

第５条　地方自治法第 230 条第１項の規定により起こすことができる地方債の起債の目的、限度額、起債の方法、利率及び償還の方法は、「第５表 地方債」による。

（一時借入金）

第６条　地方自治法第 235 条の３第２項の規定による一時借入金の借入れの最高額は、X,XXX,XXX,XXX 千円と定める。

（歳出予算の流用）

第７条　地方自治法第 220 条第２項ただし書の規定により歳出予算の各項の経費の金額を流用することができる場合は、次のとおりとする。

(1)　各項に計上した給料、職員手当及び共済費（賃金に係る共済費を除く。）に係る予算額に過不足を生じた場合における同一款内でのこれらの経費の各項の間の流用。

令和ＸＸ年ＸＸ月ＸＸ日 提出

ＸＸ市長　　Ｘ　　Ｘ　　Ｘ　　Ｘ

◢ 予算総則

　予算書の冒頭には、予算の7つの事項のうち必要な事項が条文形式で規定されています。ただし、「一時借入金の限度額」と「歳出予算の各項の経費の金額の流用」以外の事項については、具体的な内容を「別表」とするのが一般的です。

◢ 予算に関する説明書

　予算を議会に提出するときは、予算書とともに政令で定める「予算に関する説明書」を提出しなければなりません。以下、その内容です。

①歳入歳出予算事項別明細書

　歳入歳出予算の各項の明細ですが、議会で議論の材料にされることも少なく、職員が予算執行で使用することもありません。

②給与明細書

　現在の職員の給与費の内訳です。職員1人の採用は、財政的には約3億円の債務負担行為と同じですが、将来経費まではわかりません。

③継続費に関する調書

　継続費について、これまでの支出額、これからの支出予定額、並びに事業の進行状況等がわかります。

④債務負担行為に関する調書

　債務負担行為について、これまでの支出額、これからの支出予定額等がわかります。

⑤地方債に関する調書

　地方債の現在高はわかりますが、最も大切な将来の返済計画などはわかりません。

⑥その他

　予算書も予算説明書も、その形式は国の規則で定められています。しかし、それを読み解くのは容易ではありません。中でも将来の財政負担については、その一部しか明らかにされていません。

10 「よくわかる予算書」の登場

ここがポイント

- 過去、予算書や事項別明細書では「よくわからない」という声が多数あった
- 「よくわかる予算書」が作られ、ネットでも公開されるようになった
- 「よくわかる予算書」を初めて世に出したのはニセコ町

■ 知りたいことが「よくわかる予算書」

　予算書は、会計科目（款・項・目・節）ごとの積算に間違いがないことが重要です。その内訳書である歳入歳出予算事項別明細書は、事業の名称と予算額を並べただけもので、その内容まではわかりません。いずれも、国の定める様式を基準とすることになっていて、容易に変えることはできません。

　そこで、多くの自治体は住民向けに、「よくわかる予算書」を発行、あるいはホームページで公開しています。「よくわかる予算書」はその名称のとおり、事業ごとの説明があり、自治体が何をどのようにしようとしているのか、住民の知りたいことがわかるよう、工夫されています。

■ 元祖「よくわかる予算書」

　ニセコ町の「もっと知りたいことしの仕事」は、1995年に発行されました。どのような事業を、どのくらいの経費をかけて実施するのか、事業ひとつひとつに説明を付けたもので、財源の内訳や住民に知ってほしい情報（お知らせ）なども盛り込まれています。

　これなら、議会で「明細書のＸＸページの○○事業って、どんな事業？」といった質問が飛ぶことはありません。

　ニセコ町の「もっと知りたい」予算書が秀逸なのは、これを全戸配布したところですが、驚くのは、住民の8割以上が「見ている」ことです。しかも、6割以上の住民が「必要」と答えています（2005年、内閣府の調査による）。自治体の「伝える」努力が住民の関心を呼び起こしたの

か、あるいは、住民は「無関心」を装っているだけで、もともと「知りたい」という欲求を持っていたのか、きっと、その両方なのでしょう。

　巻末の資料編には町の借金（町債）や貯金（基金）の額、町長や職員の給料の状況など、財政上の基礎的な情報の他、近隣自治体との比較表が掲載されています。発行したばかりのころは「余計なお世話」と批判もありましたが、これがニセコ町の住民を刺激したのかもしれません。

　かくして、ニセコ町の「もっと知りたいことしの仕事」はベストセラーとなり、全国の自治体で「よくわかる予算書」がつくられるきっかけになりました。これは、いい意味での自治体間競争です。

【図表－24】よくわかる予算書の例

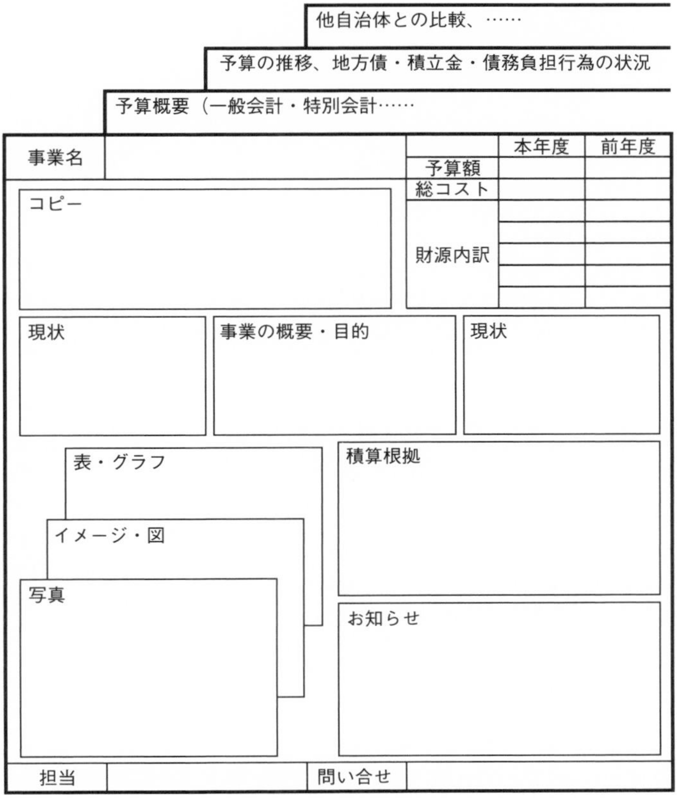

他自治体との比較、……

予算の推移、地方債・積立金・債務負担行為の状況

予算概要（一般会計・特別会計……

事業名			本年度	前年度
		予算額		
コピー		総コスト		
		財源内訳		
現状	事業の概要・目的		現状	
表・グラフ		積算根拠		
イメージ・図				
写真		お知らせ		
担当		問い合せ		

COLUMN
金のなる木

　予算編成作業も佳境に入ると、原課の要求に対し、「金のなる木でも持っているとでも思っているのか！」と憤ったりすること、何度もありますよね。

　国が1,200兆円もの巨額の赤字を埋めることができるのは、「金になる国債」があるからですが、「金のなる木」と違うのは、国債が借金だということです。

　将来世代の返済を期待して現世代が借金をしているのです。

　この事実について、借金を返済するときさらに借金（借り換え）すればいい、円建ての国債だから円（日本銀行券、通貨）を増発すれば返済可能であり、デフォルト（債務不履行）になることはない、という楽観論が出回っています。「Modern Monetary Theory」──略称、MMT です。

　日本では、「現代貨幣理論」とか「現代金融理論」と呼ばれています。

　確かに、自国通貨を発行できる「国」は財政赤字を拡大させても債務不履行になることはないでしょう。しかし、この MMT が成立するには、急激なインフレも金利上昇も起こさないという条件があります。

　これを忘れて財政規律を緩めれば、大幅なインフレが起きたとき、これまでにない厳しい歳出削減と増税を断行しなければなりません。

　それがいつなのか？　差し迫った脅威の無いところが「財政錯覚」といわれる所以なのでしょう。MMT にしても、財政赤字を無尽蔵に膨らませても問題ないかのように「いいとこどり」な解釈をされています。

　ところで、実在の「金のなる木」の和名は、「フチベニベンケイ」です。

　五円硬貨の穴を「金のなる木」の新芽に通して固定し、そのまま成長させると、あたかも木の枝に硬貨がなったように見えたので、これを縁起物の「金のなる木」として販売したのが始まりだといわれています（諸説あり）。

第 **3** 章

予算の仕組みと
新たな試み

- 原則によると予算の効率的な運用ができないため、特別に例外を設けている
- 予算の管理と現金の動きは別物である
- 例外については、それぞれ、法令に規定がある

　予算には７つの原則があります。第３章の３まで、それぞれの原則を見ていきましょう。

原則１．総計予算主義の原則

　「一会計年度における一切の収入及び支出は、すべてこれを歳入歳出予算に計上して執行しなければならない」という原則です。

　自治体は住民の大切な税金を使って仕事をするわけですから、それを漏れなく記録し明らかにする義務があります。家計では許される（？）大事なヘソクリだって、自治体では禁止です。一家に出入りする金銭は、すべて明らかにしなければなりません。

　これまで見てきた一時借入金や、他の会計や基金に属する現金を融通する繰替運用は、役所の金庫に入っているお金（歳計現金）の不足を補うためのものなので、予算には計上しません。総計予算主義の原則の例外です。この他の例外としては、決算剰余金（その年度の歳入決算額から歳出決算額を差し引いたもの）の基金への積立てや、一時預かりのための歳入歳出外現金、定額運用基金などがあります。

予算の管理と現金の動き

　役所の金庫をイラストにしてみました。出納整理期間中は２つの年度の会計が開いていて、請求や支払い、収入も、すべて金庫番である会計管理者がその内容の審査と予算の有無（実際には、部・課・係まで細かく分けられた配当の有無）でチェックしています。もちろん歳出予算の上限を超えて支出できません。

●役所の金庫

金庫

BANK

会計管理者

預入・引出
借入・返済

収入 →
支払 ←

R4年度
予算書

R5年度
予算書

現金出納簿

◢ 原則2. 会計年度独立の原則

「自治体の歳出は、その年度の歳入をもって充てなければならない」
という原則です。

小学校の給食会計を想像してみてください。今年度集めた給食費がい
くらか残ったとします。これを次の年度の給食に充てたら、新入生は喜
びますが卒業生は不満をいうでしょう。年度末に給食のメニューが少し
賑やかになるのは、集めた給食費を使い切ってゼロにするためです。

小学校ほどではありませんが住民にも移動（引っ越し）があります。
小学校の給食費にあたるのが税金です。住民の納めた税金は、納めた住
民のために使う、というのが会計年度独立の原則です。

反対に給食費が足りなくなってしまったら？　次年度の給食費を前借
りするなんて、とても許されそうにありませんね。保護者会を開催して
給食費を追加徴収することになるかもしれません。実はそうならないよ
う、年度末まで予算に余裕を持っておくのが「お役所仕事」なのです。
（ほんとうに？　仕事が遅いだけじゃないの？　とは、住民の声……）

第2章で紹介した、継続費の逓次繰越、繰越明許費、事故繰越、翌年
度歳入の繰上充用は、会計年度独立の原則の例外です。この他の例外と
しては、決算剰余金の繰越しなどがあります。

ここがポイント

・時代の要請により予算編成にも変化がある

・特別会計は自治体予算を俯瞰し難くしている元凶でもある

・現行法令で定められた予算様式は必ずしも分かりやすいものではない

原則３．予算単年度主義の原則

　会計年度独立の原則に似たものに、単年度主義の原則があります。

　「予算は会計年度ごとに作成し、次の会計年度以降の予算を拘束しない」という原則です。

　今では家庭でも一般的になっているリース契約は、以前は役所に馴染みのないものでした。リース契約が３年、５年の長期にわたるからです。むかし、次年度以降の契約を確実に約束してほしいと事業者に迫られ（事業者にとっては当たり前のことですが）、困った職員が（権限はありませんが）念書を書いていたという逸話が残っています。

　予算には、予算単年度主義の例外として継続費（第２章の４）や債務負担行為（第２章の４、５）という仕組みがあり、議会の承認を得て複数年度にわたる契約をすることが可能です。条例で長期継続契約（第２章の５）の範囲を広げることもできます。

　しかし、当時は「役所は予算単年度主義だから、役所の仕組みに合わせろ」という考え方が横行していました。社会、経済、商慣習の変化に、（今でも同じですが）役所はなかなかついていけなかったのです。

　予算単年度主義の原則は、毎年、議会の議決を受けることで自治体財政の動きを確実にチェックできるという利点がある一方、「使い切り予算」の弊害や、長期的な政策立案が進まないなどの問題点が指摘され、複数年度予算を検討する動きがあり、諸外国にはそうした実例があります。

　複数年度予算について、詳しくは第３章の９をご覧ください。

■ 原則4．単一予算主義の原則 ─────────────

　「一切の収入及び支出をひとつの予算にまとめ、予算の調製は一会計年度一回とする」、家計簿は1冊に限るという原則です。家計簿があっちにも、こっちにもあってはわかりにくいですね。

　しかし、自治体の事務事業は極めて複雑で多岐にわたるため、複数の会計に区分した方が適当な場合があり、実際、数多くの特別会計が存在します。国民健康保険事業や介護保険事業、水道や交通などの公営企業、競馬や競輪などの収益事業も一般会計とは別に経理されています。

　また、変化する行政需要に的確、迅速に対応するため、年度の途中で予算の補正を行うことも一般化しています。

　ご家庭でも、家人や子どもたちのお小遣いや家族旅行の積立てなど、別会計にしているものもあるでしょう。病気や事故で予想しない出費がかさみ、当初の計画を変更することもあります。

　このように、役所でも家庭でも「単一予算主義」は今や有名無実になっています。

■ 原則5．予算統一の原則 ─────────────

　「予算を誰にでもわかりやすいものにするため、歳入と歳出の分類を統一的、系統的に調製し、一定の秩序を持たせなければならない」という原則です。

　予算の様式は法令で定める様式を基準にしなければなりません。予算を統一することによって、自治体予算の全体像を把握することができ、過去の予算との比較、他の自治体との比較も容易になります。

　しかし、統一することによって「わかりやすい」予算書になると考えるのは大間違いで、多くの自治体が法律で定められた予算書とは別に、「よくわかる予算書」（第2章の10）を作成、公表しています。

ここがポイント

- 自治体予算においては、予算公開の原則に例外はない
- 予算は住民の代表である議会の承認がない限り効力を発揮しない
- 住民生活に支障が出ぬよう事前議決にも例外が定められている

原則６．予算公開の原則

「予算は公表、公開されなければならない」という原則です。

首長は議長から予算の送付を受けた場合、再議その他の措置を講ずる必要のないときは、直ちにその要領を住民に公表しなければなりません。また、条例の定めにより毎年２回以上、財政に関する事項を住民に公表することになっています。

しかし、予算公開を単なる手続きに終わらせてはいけません。

「よくわかる予算書」を多くの自治体が作成するのも、予算が「誰かがつくってくれるもの」ではなく、住民自身のものであることを強く意識してほしいという思いからです。

●広報などによる予算や財政状況の公開

原則7．予算事前議決の原則 ─────────

　「予算は議会の議決を経なければ執行することができない」という原則です。

　自治体予算は住民自身のものですから、予算事前議決の原則は厳格に守られなければなりません。このため、首長は会計年度ごとに予算を調製し、遅くとも年度開始前、都道府県および指定都市にあっては30日前、その他の市および町村にあっては20日前までに議会に提出することになっています。

　しかし、事前議決の原則にも次のような例外があります。いずれも自治体の運営に支障をきたすことのないよう定められた、緊急措置です。

例外1．首長の専決処分

　議会が成立していない、議会を開く時間的余裕がない、など一定の条件のもと、首長は予算を「専決処分」することができます。専決処分とは、議決すべき事項を首長が議会に代わって処分（決定）することです。もちろん、予算を専決処分したとき、首長は次の議会に報告し承認を求めなければなりません。

　専決処分したとき、議会の承認が得られなかった場合でも、その効力に影響はありません。

　ただし、予算の専決処分について議会の承認が得られなかった場合、首長は補正予算の提出など、必要な措置を講じなければなりません。

例外2．首長の原案執行権

　議会の議決が自治体の義務に属する経費を削除、減額したとき、首長は、その経費と収入を予算に計上し執行することができます。これを首長の原案執行権といいます。さらに災害復旧費を削除、減額したときは、これを不信任議決とみなし、首長は議会を解散することができます。

　予算の議決に関しては、第5章の6で詳しく説明します。

4 さまざまな予算と会計

ここがポイント

- 単一予算主義の原則に反して、多くの予算が編成されている
- 公営企業では官庁会計と異なる会計方式（企業会計）を採用している
- 統計上の会計である普通会計で財政分析が行われる

当初予算と補正予算

各会計の予算は通常、年度開始前に議決され成立します。これを当初予算といいます。補正予算は予算の編成後に生じた事由に基づいて当初（既定）予算に追加、その他の変更を加える予算です。予算の補正に回数の制限はありませんが、会計年度経過後は行うことができません。

暫定予算と本予算

首長は必要に応じて、一会計年度のうちの一定期間に係る暫定予算を調製することができます。その期間は通常１〜３ヶ月で本予算成立後、その効力は失われ、暫定予算に基づく支出や債務の負担は本予算に基づく支出や債務の負担とみなされます。

暫定予算についても予算の事前議決の原則が適用され、議会の議決が必要ですが、事情により専決処分されることがあります。

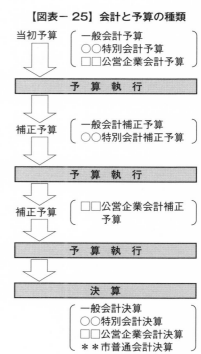

【図表−25】会計と予算の種類

当初予算
- 一般会計予算
- ○○特別会計予算
- □□公営企業会計予算

予 算 執 行

補正予算
- 一般会計補正予算
- ○○特別会計補正予算

予 算 執 行

補正予算
- □□公営企業会計補正予算

予 算 執 行

決 算
- 一般会計決算
- ○○特別会計決算
- □□公営企業会計決算
- ＊＊市普通会計決算

◢ 骨格予算と肉付け予算

　義務的経費や継続事業費などを中心に計上した予算を骨格予算といい、選挙を目前に控えたり、国の予算編成の都合等により、政策的判断を先送りする必要のある場合に編成します。

　事後、骨格予算で計上しなかった政策的な経費を追加するための補正予算を肉付け予算といいます。

◢ 一般会計と特別会計

　自治体はひとつの会計（一般会計）ですべての収支を経理するのが原則です（単一予算主義の原則）。しかし、国民健康保険特別会計など自治体が特定の事業を行う場合や、特定の歳入をもって特定の歳出に充て経理する必要がある場合には、条例で特別会計を設置することができます。　特別会計の増加は予算全体を見えにくくし、住民や議会による監視機能の障害になることもあるので注意が必要です。

◢ 特別会計と公営企業会計

　特別会計には法令に基づき設置しなければならないもの、収益事業に関わるもの、その他特定の資金を使って行う事業などがあり、公営企業会計を含めて（広義の）特別会計と呼ぶことがあります。

　公営企業会計は独立採算制を原則とし、予算は収益的収支と資本的収支に分けられ、費用、収益を発生主義に基づいて計上するなど、一般の官庁会計とは異なる会計方式（企業会計）が採用されています。

◢ 普通会計

　自治体の財政状況の把握（比較）、地方財政全体の分析等に用いられる統計上の会計です。総務省の定める基準に従って、対象となる会計から会計間の重複額等を控除するなどの調整を行い、普通会計予算、決算をつくります。

　本書でご紹介する場合も、特に断りのない限り、普通会計の数値を使っています。

5　企業と自治体の予算の違い

ここがポイント

- 企業の「目標」は利益（数字）を上げること（シンプルな目標）
- 自治体の「目標」は住民福祉の増進（あいまいな目標）
- あいまいな「目標」を具体的で明確にしたのが行政評価である

機動的に予算を動かす

　企業の予算は売上げによって増減します。例えば、小売店で売上げが予想以上に増えたときは、商品を仕入れる追加の資金や商品を売る店員を増やす経費が必要になります。売上げを伸ばし利益を上げるため、店舗を増やすという積極的な予算を組むこともあるでしょう。逆に売上げが落ちたときは、仕入れを控え、店員の数を減らさねばなりません。

　このように企業の予算が機動的なのに対し、自治体の予算は、議会の議決を通じ住民に一定の支出を約すという性格を有していることから極めて固定的といえます。

【図表－26】企業と自治体の予算の違い

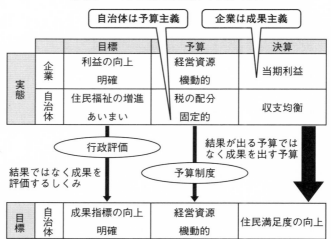

■ 明確な目標を持つ

　企業が予算を機動的に使うのは、企業に「利益」という明確な目標があるからです。これに対し自治体の目標は総花的で「住民の福祉の増進」といった極めてあいまいなものでした。そこで登場したのが行政評価制度です。行政評価によって自治体の目標を明確にすれば、予算はその目標を達成するための、ひとつの手段にすぎないという考え方です。

　行政評価では「災害に強いまちをつくる」というあいまいな目標を「避難危険度5の地域を3年以内に危険度4以下にする」というように、具体的な指標にして示します。企業でいえば「今期の売上目標を1億円とする」のと同じです。違いがあるとすれば、自治体にはこうした指標がひとつではなく、いくつもあることです。

　いくつもある指標（目標）が、首長と議会、首長と住民、首長と自治体職員の間で共有されているのが理想です。

　こうした目標をひとつずつ達成し、最終的に住民満足度を向上させることが自治体の究極の目的ですが、これを実現するには、精緻な行政評価の仕組みと、機動的な予算制度が必要です。

■ 行政評価の成果と課題

　総務省の実施した調査※（2016年）によれば、行政評価の成果としては、「事務事業の廃止・予算の削減につながった（54％）」を抑えて、トップは「成果の観点で施策や事業が検討された（78％）」、次に「職員の意識改革につながった（69％）」があげられています。また、行政評価の課題としては、「行政評価事務の効率化（80％）」、「評価指標の設定（79％）」、があげられ、「予算編成等への活用（71％）」は第3位でした。

　この結果から明らかなように、行政評価は予算削減のツールではなく職員の意識を成果主義に変化させ自治体の（事業の）目標に向かって予算をより効率的、効果的に動かす仕組みです。予算編成、行政評価、決算を一体のものと捉えていく必要があります。

※「地方公共団体における行政評価の取組状況等に関する調査結果」

6 これまでの予算編成の限界と課題

ここがポイント

- 切りやすいところから切り込む予算査定ではいけない
- 与えられた予算を使うことで満足してはいけない
- 財政部門と事業部門がタッグを組んで予算を作り上げる

財政部門は要求された予算を切るのが仕事

一般の家庭では、家人の給料が上がらないのに住宅ローンや子どもの学費などが家計を圧迫しています。このような状況は自治体も同じです。収入が低下すればどこかを削らざるを得、医療費のように高齢化とともに増加してしまうような経費があれば、その財源を生み出すために、さらにどこかを削らなくてはなりません。したがって、財政部門では残念ながら「切り込む」のが仕事になっています。

しかし、財政部門がすべての仕事に精通しているわけではなく、行政評価制度も、それだけで事業を縮小、廃止できるほど精緻なものになっていないのが実情です。

このようなことから、財政部門では政策や施策の優先度、緊急性、重要性よりも「切りやすいところから切る」ことになり、財政部門の「切る能力」が評価され、その結果、政策も施策も当たらない、場当り的な結果になっているのです。

事業部門は与えられた予算を使うのが仕事

政策、施策の優先順位付けが財政部門に委ねられてしまう現行の予算査定（第5章の4）の中では、事業部門の目標、目的は「与えられた予算を使うこと」になってしまいます。

家庭に例えれば、子どもたちにお小遣いを与えると、与えただけ使ってしまうのと同じです。そこには、財政状況がどうなのか、という危機感やコスト意識は存在しません。無理して予算を残しても笑うのは結

局、財政部門だけだからです。

　事業部門には事業部門だけにしかわからない知恵があります。現場の問題は現場の知恵で解決するのが王道です。しかし、実際には、財政部門の査定が予算ばかりでなく、事業部門の創意工夫、努力や意欲までも削いでしまっているのです。

◢ 予算編成は財政部門と事業部門の協働作業 ─────

　現在の予算査定では、予算を要求する事業部門と、予算を切り込む財政部門は常に対立構造にあります。しかし、事業部門がそれぞれの組織と仕事を、責任を持ってマネジメントし、成果を上げられるようにするには、事業部門にそれなりの権限を持たせる必要があります。予算の要求、査定は、その中心的な権限です。

　こういう話題になると、財政部門から「事業部門に任せたら大変なことになる」という声が聞こえそうです。しかし、大変なのは財政部門でも事業部門でも同じです。両者の知恵と工夫で難局を乗り越えねばなりません。財政部門には「切り込む」以外にやることがたくさんあるはずです。

　一方、事業部門からは「財政課が予算を切った、と言い訳できなくなる」という声が上がります。事業を廃止、縮小せざるを得ないとき、住民への説明責任を財政部門に負わせて、それでいいのでしょうか？　廃止、縮小に至った考え方や、その経緯、廃止、縮小した後の対応など、住民と直接関わってきた事業部門でなければ説明できないことが山ほどあるはずです。

　住民への説明責任が必要なのは、新しい事業に取り組むときばかりではありません。廃止、縮小するときのほうがその何倍も力が必要なのです。このようなときこそ、事業部門の知恵と工夫が存分に活かされなければなりません。そして、財政部門はこうした事業部門の取組みを積極的に支援すべきなのです。

- 予算→決算→予算は PDCA サイクルでなくてはならない
- 予算を使って「何」がどう良くなったのかが重要
- この「何」を行政評価の指標とするのが成果主義である

■ 予算のマネジメントサイクル

民間企業では予算を立て（Plan）、ある一定期間事業活動を行い（Do）、予定どおりの成果（利益）が得られたか分析し（Check）、成果が得られていなければ、その原因を改善し（Action）、次の予算に反映します。民間企業ではこうしたサイクルを1ヶ月、四半期ごとに繰り返します。

このマネジメントサイクル（PDCA）を自治体予算にあてはめてみたのが図表 - 27 です。

予算は目標を達成するためにあります。達成すべき成果目標（アウトカム）を行政評価という手法で設定し、その目標ごとに、それを達成するために必要なアウトプット（事業活動の量）を明らかにします。このアウトプットに必要な経費を積み上げたものが「予算」です。

繰り返しますが、自治体が事業活動する目的は、事業活動の量（アウトプット）を増やすことではなく、事業活動によって得られる成果（アウトカム）の水準を高めることにあるのです。

■ 安い商品ではなく売れる商品をつくる

アウトプット÷インプット、すなわち、投入したインプットに対し、いかに効率的、効果的にアウトプットしているか、常に意識すること、これがコスト意識です。

役所にもコスト意識が必要だといわれ続け、行政改革の名の下、減量経営に努めてきました。地方自治法には「地方公共団体（自治体のこと）は、その事務を処理するにあたっては、住民の福祉の増進に努める

とともに、最小の経費で最大の効果を挙げるようにしなければならない」とあります。アウトプット÷インプットを最大化するのは当然のことです。

しかし、賢明なみなさんなら、もうおわかりでしょう。

住民や地方自治法が求めているのは、「住民の福祉の増進」を政策、施策ごとに分解し、設定した「成果目標」に近づくこと（アウトカム）です。いくら効率よく、コストをかけずに製品を造ることができても、売れなければ成果はゼロです。

このようなとき、企業は売上げを伸ばすための宣伝方法や、ときには製品そのものを考え直します。

これは、自治体でも同じです。

例えばいま、「○○川の汚染を3年以内に環境基準以下にする」という目標を立てたとします。そのため、毎月、水質検査を実施していますが、これまで職員でやっていた検査を民間事業者に委託し、しかも、競争入札によって、昨年度の1/2の経費で実施することができました。めでたし、めでたし。果たしてそうでしょうか？　検査は必要ですが、検査をしただけで水質が改善されるわけではなく、環境改善のための施策・事業が別途必要なのです。これはよくある勘違いです。

【図表－27】予算のマネジメントサイクル

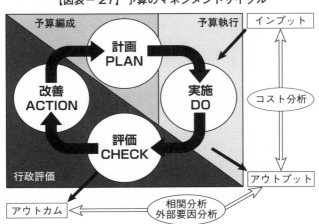

8 さまざまな予算制度

シーリング方式

あらかじめ予算要求の上限を前年度同額（ゼロシーリング）とか、10％減（マイナスシーリング）と定めておく方式のことです。歳出と歳入のバランスをとる合理的な方法であり、現在でも多くの自治体が採用していますが、数字合わせに終始し、新規の事業が起こしにくく、予算の硬直化を招くなどのデメリットがあります。

ゼロベース予算

シーリング方式は前年度予算や、それ以前の決算などを標準に予算を決める方式です。これに対し、ゼロベース予算は過去の実績ではなく、予算の各事業の計画をゼロから積み上げる予算編成方式です。既存の事業、新規の事業の別なく、必要性、緊急性、費用対効果、廃止したときの影響など、一定の基準に従って優先順位を付け予算を配分します。

サンセット方式

予算の肥大化を防ぐため、事業に期限を設け、必ず沈む太陽のように、その期限が過ぎたら自動的に事業を廃止するという制度です。補助金の見直しなどの手法として用いられ、既得権を強制的に排除します。

サンセット方式は、アメリカの市民政治団体であるコモン・コーズによって考案され、1976年にコロラド州で初めてサンセット法が施行され、広く知られるようになりました。サンセット法は、予算や、予算を伴う事業だけでなく、行政組織についても継続手続きをとらない限り、

特定の日をもって自動的に廃止するというものでした。自治体にとっては、予算だけでなく組織の肥大化も重要な課題です。

予算の枠配分（包括予算制度）

序章でご紹介した包括予算制度を図にしてみました。

【図表－28】包括予算制度の概念

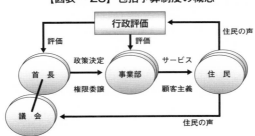

　包括予算制度の元になった枠配分方式の特徴のひとつにインセンティブがあります。インセンティブとは、売上目標を達成した際に従業員に支給する報奨金のようなものです。もちろん、このインセンティブの源は税金ですから職員に支給するわけではありません。予算や事業を執行した結果、残すことができた財源の全部または一部を、当該事業部門が翌年度以降の予算に計上し使えるようにするのです。事業部門の意欲を増進する他、「使い切り予算」の悪習を断つというねらいがあります。

メリットシステム

　事業部門の意欲を増進する制度にメリットシステムがあります。これは、事業部門による経費節減や歳入確保行動を奨励するため、結果として得られた財源の一部を事業部門に還元するというものです。

　「予算の枠配分」が財政部門の持っていた予算査定を事業部門に担わせる、一種の庁内分権の仕組みであるのに対し、メリットシステムは予算の査定は従来通り財政部門が行う、いわゆる中央集権の仕組みのまま、事業部門の予算執行時のパフォーマンスを上げるためのシステムです。

9 未来を創る複数年度予算

ここがポイント

- 単年度で評価できない、成果の出ない、事業も少なくない
- 現状、予算単年度主義の中でも実質的な複数年度予算は可能である
- 事業計画と財政計画をリンクさせるところから始める必要がある

実質的な複数年度予算

　日本では予算単年度主義をとっているため直ちに複数年度予算を実施することは困難です。しかし、中長期的な視野に立った、規律ある財政運営のため、執行する予算は従来どおり年度単位のまま、これを複数年度の範囲でコントロールする「実質的な複数年度予算」の導入は可能です。図表 - 29 は実質的な 3 年度予算の例です。

　財政部門が 3 ヶ年の財政計画をつくるところからスタートします。単年度の見通しも立たないのに 3 年の計画が立てられるのか？　これは複数年度予算の大きな課題のひとつです。

　自治体の経費を大きく、裁量的経費と義務的経費に分け、裁量的経費

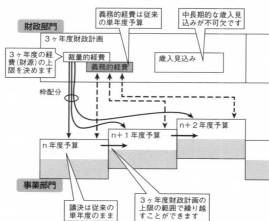

【図表 - 29】実質的な 3 年度予算の例

について３ヶ年分の枠配分を行います。枠配分とは、経費の上限、もしくは一般財源投入額の上限を事業部門に付与する、という意味です。何をもって裁量的経費とするかですが、これも複数年度予算の課題です。

年度で成果を上げがたい事業や、複数年度で初めて成果を測定することのできる事業を抽出する方法と、義務的経費以外の一切を裁量的経費とし、事業部門で３ヶ年の事業計画をしっかり立てる方法があります。

前者の例は特別会計で処理されている介護保険制度です。介護保険制度では３年間のサービスの総量を見積もり、３年ごとに必要な保険料を決定します。予算決算は単年度ごとに行われますが、１年目に残った財源は２年目、３年目に使うことができるよう、専用の基金を設け、積み立てておくことになっています。

高齢社会の進行によって介護保険事業の給付費は右肩上がりです。１年目に予算を使い切ってしまったら２年目、３年目の需要に応えることができません。介護保険制度は実質的な複数年度予算の身近な例です。

では、反対に将来減少が見込まれる国民健康保険制度など、右肩下がりの事業ではどうでしょう。１年目に予算が足りなくなったら、２年目、３年目の予算を前借りできる仕組みをつくっておく必要があります。

さて、自治体には基本計画や、その下位計画に当たる事業ごとの計画がたくさんあります。この事業計画と財政計画を３年ごとにリンクさせることができれば、これまで述べたような複数年度予算が実現できます。しかし、実際には、ほとんどの事業計画が財政計画とリンクしていません。３ヶ年の事業計画があったとしても、財政部門による予算査定で、単年度で切り落とされてしまうからです。

複数年度予算の導入には、まず、この事業計画と財政計画を一致させるところから始める必要があります。複数年度予算を導入している諸外国の例を見ると、複数年度にわたる事業計画と財政計画を立てても、予算は年度単位のままというケースが少なくありません。

この実質的な複数年度予算には、予算事務の効率化や柔軟な行政対応、長期間の予算の見通し、年度間の調整が可能で無駄が防止できるなどのメリットがあります。

10 予算への住民参加の試み

ここがポイント

- 住民参加を促すには予算、決算の公開（編成過程を含む）が重要
- 住民間の議論、提案を首長が尊重し、自分ごととして予算化する
- 住民の代表である議会の議論との調整が不可欠

予算編成過程の公開

　行政の透明性を高め住民への説明責任を果たすため、また、結論に至るまでのすべての情報が公開されるべきという情報公開の精神に基づき、予算編成過程の公開に踏み切る自治体が増えています。

　公開の内容はさまざまで、事業部門の予算要求額と首長査定後の査定額、その説明で終わる自治体や、査定の各段階ごとに公開する自治体、中には予算に計上する事業費ばかりでなく、人件費（職員数）の査定状況を公開する自治体などがあります。

　自治体の最重要計画である予算を利害関係者との調整ばかりでなく、議会や（利害に関係のない）大多数の納税者の声を聴き、調製することは、予算の内容そのものに大きな影響を与えます。

住民による委員会制度

　委員会制度は、自治体の全域、あるいは地域単位に住民代表による委員会を設け、予算案の全部または一部を審議し、その意見を予算に反映させるシステムです。住民の意見を反映するシステムとしてはパブリックコメントがありますが、パブリックコメントが不特定の住民の意見を聞くのに対し、市民委員会では特定の委員の意見を聞きます。したがって、代表する委員をどうやって選任するのか、同じ住民代表である議会と、どうバランスをとるかなどの課題があります。

税の１％システム

　税の一部（例えば１％）の使途を、自治体の指定するNPOやボランティア団体の活動の支援など、住民が選択できるシステムです。導入した自治体では、税の申告時に申し出る方式を採用しており、納税者教育、自主納付の勧奨策としての一面を持ちます。一方、どの活動、団体を対象にするのか、活動の成果をどう評価するかなど、課題もあります。

地域予算制度

　地域予算制度は、政区、町会・自治会、公民館単位など、一定の住民組織に、目的を持たない財源を割り当て、その財源の範囲で自由に予算が編成され、執行されるものです。地域の力や自治体の高いマネジメント能力が求められます。

予算不要論

　民間企業の中には、売上げと経費の予測を短期的なサイクルで見直し、予算をつくらない経営手法で業績を伸ばしているところがあります。これを脱予算経営、予算レス経営などと呼んでいます。

　自治体の運営は法令で予算主義が定められており、同じようなことはできませんが、予算編成にあたって、時間や人件費など、莫大なコストがかかっていることを認識すべきです。

　このため、多くの自治体で予算要求、査定情報の集計を自動化する「予算編成システム」の導入が進められていますが、従来の財務会計システムの延長で、予算書を作成し印刷する機能に止まっています。DXの時代、予算編成、執行、評価の一貫したシステムが、行政の効率化の鍵になることは間違いありません。

予算提案制度

　予算提案制度は、住民に予算の使途や執行方法の提案を求め、自治体や自治体の審査機関で採択されたものを実際に事業化するシステムです。提案するのは住民ですが、事業化は自治体の責任で行います。

COLUMN
一刻千金

　この「一刻」とはわずかな時間。「千金」は多額な金銭。わずかな時間も惜しんではいけない。まさに「時は金なり」と解釈していたのですが、実は似て非なるものだったのです。

　そもそも「一刻千金」は11～12世紀、北宋王朝の時代の中国の文人、蘇軾の詩「春夜」の一節に由来します。

　「春宵一刻直千金　花有清香月有陰」

　（春の夜の趣には千金の値打ちがある。花は清らかな香りを放ち、月はおぼろに霞んでいる。）

　そうです。価値があるのは「時間」ではなく、「春の夜の趣」の方だったのです。自分にとってかけがえのない時間、素晴らしい時代を惜しみ、あの時、あっという間に過ぎ去ったように思われた時間は、いま考えてみても大金に値する。

　おそらく、あなたが漫然と時間を使っていたとしたら、あなたの前に「〇〇は一刻千金」の〇〇が現れることはないでしょう。

　時間が大切なのは、時間そのものに価値があるのではなく、時間を何に使ったか、どのように過ごしたのか、それによって時間の価値が決まるということなのです。

　「一刻千金」≠「時は金なり」

　言い換えれば、時間は使い方によってお金以上の価値を生み出します。

　「予算」はお金の使い方を決める大切な仕事です。でも、それが大勢の人々の「時間」の使い方を決めたり、暮らし方を変えたりしているとしたら、私たちの仕事もまた、お金に換えられない、「予算額」以上の価値があるということになります。

　冒頭の漢詩は次のように続きます。

　「歌管楼台声細細　鞦韆院落夜沈沈」

第 4 章

自治体予算の
すがたを知る

❶ 地方財政計画の役割

ここがポイント

- 国は、予算とともに自治体財政を包括する地方財政計画を策定する
- 地方財政計画で自治体の財政水準が決まってしまう
- 自治体の財政自主権確立への道のりは、まだまだ遠い

✎ 自治体の歳入歳出総額を見込む「地方財政対策」

図表 - 30 は、2021 年度の地方財政計画です。

国の予算が確定すると、地方の財源が必要となります。地方の事業は国の補助金の対象となる補助事業と、そうでない単独事業に分けられます。補助事業には補助率があって、例えば生活保護費の国庫補助率は 3/4 ですが、残りの 1/4 は「補助裏」といって、地方の財源が必要です。

また、単独事業といっても、法令により義務付けられている事業、どの自治体でも同じように実施されている事業がほとんどです。地方財政計画では、単独事業についても社会保障関係費の自然増や国の予算、施策との関連、物価などを勘案して積算されます。公債費は、過去、地方財政の財源として充当した地方債の償還経費が計上されます。

2021 年度の歳出見込額は東日本大震災分を除き、89.8 兆円です。

【図表 - 30】2021 年度　地方財政計画（通常収支分） 単位：億円・%

歳　入			歳　出		
区分	計画額	構成比	区分	計画額	構成比
地方税	382,704	42.6	給与関係諸費	201,540	22.5
地方譲与税	18,462	2.1	一般行政経費	408,824	45.5
地方特例交付金	3,577	0.4	公債費	117,799	13.1
地方交付税	174,385	19.4	維持補修費	14,694	1.6
国庫支出金	147,631	16.4	投資的経費	119,273	13.3
地方債	112,407	12.5	公営企業繰出金	24,430	2.7
使用料及び手数料	15,487	1.7	不交付団体水準超経費	11,500	1.3
雑収入	43,754	4.9	－	－	－
復旧・復興事業一般財源充当分	△ 2	－	－	－	－
全国防災事業一般財源充当分	△ 345	－	－	－	－
歳入合計	898,060	100.0	歳出合計	898,060	100.0

■ 地方財政対策

一方、国の経済見通しが固まると、国税、地方税の見込額が積算できます。地方交付税法定分は国税（5税）の一部で、法律で定められた率で積算されます。国庫支出金は国の予算と連動して積み上げられます。地方債は事業ごとに財源として充当する額が積算されます。これは地方債計画に反映され、実際の地方債の発行はこれに沿って行われます。

この時点での歳入見込額は79.7兆円で、差引き、10.1兆円の財源不足が生じています。この財源不足は国と自治体で概ね折半で負担することになっており、図表－31の下段に示すように、国は一般会計から地方交付税の増額などを行い、自治体は臨時財政対策債の発行などを行って、これを補います。これを「地方財政対策」と呼んでいます。2021年度の臨時財政対策債（発行予定額）は5.5兆円となり、通常債5.1兆円を上回っていました。

このように、自治体財政の全体は地方財政計画によって、形式的には「量出制入」（第1章の4）となっています。しかし、「入」を税ではなく、借金で賄っているところが大きな問題です。

【図表－31】2021年度　地方財政対策の内訳

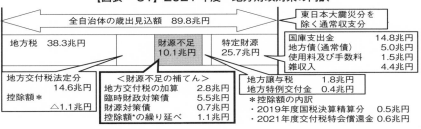

■ 地方財政計画の役割

地方財政計画は国の施策との整合を図り、自治体に必要な財源を保障することを目的としています。しかし、多くの（ほとんどの）自治体は第4章の2で説明する地方交付税の交付団体であり、事実上、地方財政計画によって地方財政の水準が決定されてしまいます。自治体の財政自主権確立への道のりは、まだまだ遠いといわざるを得ません。

2 地方交付税制度の仕組み

ここがポイント

• マクロ、ミクロの保障に加え、地方交付税には政策誘導機能がある
• それでも、地方交付税は使途の特定されない一般財源である
• 人口の減少に伴って地方交付税の総額は減少する

地方交付税の３つの機能

①財源保障機能

　地方交付税総額は国税の一部（一定割合）として確保され、個々の自治体に対して必要な財源を保障するという機能を果たしています。

②財政調整機能

　自治体間に偏在する財源の均衡化を図る財政調整機能を果たし、これによって、それぞれの自治体は一定水準のサービスを提供できます。

③政策誘導機能

　「交付税措置する」という言葉に表されるように、地方交付税の算定が自治体の行財政運営や、個々の施策に影響を与えています。

普通交付税と特別交付税

　普通交付税は、毎年それぞれの自治体について基準財政需要額（ある一定水準の行政を行うに必要な経費）と基準財政収入額（超過課税を除いた税収の75％と地方譲与税等の合計額）とを算定し、前者が後者を上まわる自治体、つまり財源不足となる自治体に対して交付されます。

　地方交付税の算定で、地方税の全額を基準財政収入額に算入せず75％とするのは、税の増収努力に一定のインセンティブを与えると同時に、各自治体に余裕財源（留保財源）を残し、地域の特性に合わせた独自の施策を展開する必要があるからです。

　しかし、地方交付税の総額を決める地方財政計画には、この留保財源分が含まれており、必ずしも施策を実現する余裕があるとは限りません。

また、基準財政収入額が基準財政需要額を上回り、普通交付税が交付されない自治体を不交付団体といいます。2022年度の不交付団体は、47都道府県では東京都だけ、1,718市町村では72市町村だけでした。地方交付税制度は自治体になくてはならないものになっています。

　一方で特別交付税は、普通交付税で補足されない個別、緊急の財政需要（地震、台風等自然災害による被害など）に対して交付されます。

　この結果、自治体の財源構成は次頁図表−34のようになります。

　なお、普通交付税の不交付団体であっても特別交付税は交付されます。

単位費用と補正係数

　単位費用は、都道府県では人口170万人、面積6,500㎢、市町村では人口10万人、面積160㎢という標準的な自治体を想定し、83頁図表−35のように、その数値が法律で定められています（数値は2022年度）。

　しかし、実際の行政経費は自然的、社会的条件によって大きな差があるので、これを補正するのが補正係数です。人口や面積が2倍になっても経費が2倍にならない、いわゆるスケールメリットが働く項目を補正する段階補正、人口密度が希薄になると経費が割高（割安）になる項目を補正する密度補正、この他、種別補正、態容補正、寒冷補正、数値急増急減補正、合併補正などがあります。

新型交付税（包括算定経費）

　従来の地方交付税が複雑で透明性に欠けるという批判を受けて2007年に導入された制度です。国の基準付けの少ない行政分野（需要額の1割程度）について、人口と面積を基本とした簡素な算定を行います。

都区合算規定

　特別区（東京23区）の区域全体をひとつの市とみなして基準財政需要額、基準財政収入額を算出し、これを東京都の道府県分と合算して、財源の過不足を決める特例のこと。不足した場合でも地方交付税は都にのみに交付され、特別区には交付されません。

参考資料

【図表－32】地方交付税制度の機能

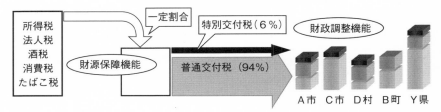

※普通交付税、特別交付税はそれぞれ交付総額の94%、6%（2016年度～）

【図表－33】普通交付税の算定方法

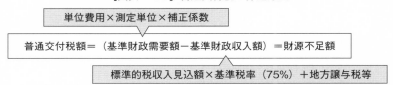

【図表－34】自治体の財源構成

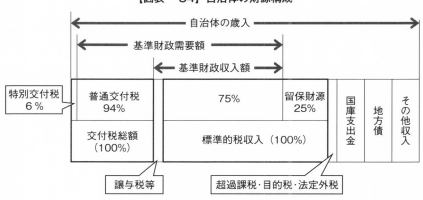

【図表－35】地方交付税法上の測定単位と単位費用

個別算定経費（都道府県分）　（円）

項目		測定単位	単位費用
警察費		警察職員数	8,440,000
土木費	道路橋りょう費	道路の面積	135,000
		道路の延長	1,950,000
	河川費	河川の延長	184,000
	港湾費	係留施設の延長(港湾)	184,000
		外郭施設の延長(港湾)	5,460
		係留施設の延長(漁港)	10,200
		外郭施設の延長(漁港)	5,050
	その他の土木費	人口	1,240
教育費	小学校費	教職員数	6,041,000
	中学校費	教職員数	5,943,000
	高等学校費	教職員数	6,666,000
		生徒数	59,300
	特別支援学校費	教職員数	5,597,000
		学級数	2,198,000
	その他の教育費	人口	3,380
		高等専門学校及び大学の学生の数	211,000
		私立の学校の幼児、児童及び生徒の数	305,540
厚生労働費	生活保護費	町村部人口	9,440
	社会福祉費	人口	19,700
	衛生費	人口	14,900
	高齢者保健福祉費	65歳以上人口	55,700
		75歳以上人口	91,800
	労働費	人口	427
産業経済費	農業行政費	農家数	115,000
	林野行政費	公有以外の林野の面積	5,220
		公有林野の面積	15,400
	水産行政費	水産業者数	358,000
	商工行政費	人口	2,010
総務費	徴税費	世帯数	5,700
	恩給費	恩給受給権者数	854,000
	地域振興費	人口	536
地域の元気創造事業費		人口	950
人口減少等特別対策事業費		人口	1,700
地域社会再生事業費		人口	1,950
地域デジタル社会推進費		人口	520

個別算定経費（市町村分）　（円）

項目		測定単位	単位費用
消防費		人口	11,500
土木費	道路橋りょう費	道路の面積	71,300
		道路の延長	190,000
	港湾費	係留施設の延長(港湾)	28,000
		外郭施設の延長(港湾)	5,460
		係留施設の延長(漁港)	10,000
		外郭施設の延長(漁港)	3,550
	都市計画費	計画区域内における人口	968
	公園費	人口	528
		都市公園の面積	37,000
	下水道費	人口	101
	その他の土木費	人口	1,380
教育費	小学校費	児童数	45,000
		学級数	893,000
		学校数	11,573,000
	中学校費	生徒数	42,000
		学級数	1,113,000
		学校数	10,148,000
	高等学校費	教職員数	6,545,000
		生徒数	75,700
	その他の教育費	人口	5,640
		小学校就学前の子どもの数	715,000
厚生費	生活保護費	市部人口	9,450
	社会福祉費	人口	27,700
	保健衛生費	人口	8,310
	高齢者保健福祉費	65歳以上人口	69,800
		75歳以上人口	80,500
	清掃費	人口	5,020
産業経済費	農業行政費	農家数	90,500
	農林水産行政費	林業・水産業の従事者数	471,000
	商工行政費	人口	1,350
総務費	徴税費	世帯数	4,150
	戸籍住民基本台帳費	戸籍数	1,120
		世帯数	2,010
	地域振興費	人口	1,740
		面積	1,025,000
地域の元気創造事業費		人口	2,530
人口減少等特別対策事業費		人口	3,400
地域社会再生事業費		人口	1,950
地域デジタル社会推進費		人口	760

包括算定経費（都道府県分）　（円）

測定単位	単位費用
人口	9,100
面積	1,093,000

包括算定経費（市町村分）　（円）

測定単位	単位費用
人口	17,700
面積	2,210,000

国による財政調整

- 国は「財政」を通じて自治体をコントロールしている
- 住民は支払う税金の2倍近いサービスを受け取っている
- その原資は「借金」であり、いずれ住民が返済しなければならない

国庫支出金と地方交付税に依存する地方財政

図表-36 は、国と自治体、そして住民との関係を図示したものです。

住民が自治体に収める税金は 41 兆円ですが、そのうち 12 兆円は借金の返済に充てられるので、自治体に残るのは 29 兆円です。地方交付税の総額はこの約 6 割に相当する 17 兆円。全自治体の 96％以上が地方交付税の交付を受けているのですから、自治体が財政的に自律しているとはとてもいえません。

また、自治体の自律を妨げるものに国庫支出金があります。国庫支出金は国が特定の事業について全部または一部の費用を負担（補助）するものです。補助が出るのに実施しないわけにもいかず、補助が出るとしても全額ということは稀で、例えば補助率 1/3 の事業でしたら、残りの 2/3 は自治体が負担しなければなりません。

こうして、2019 年度には国庫支出金 16 兆円、地方交付税 17 兆円、この他地方譲与税など、あわせて 36 兆円が国から自治体に交付されました。この額は住民が自治体に収める地方税にほぼ匹敵します。これでは、自治体が国の顔色をうかがいながら仕事をするのもやむを得ません。

地方財政がいかに国に依存しているか、逆にいえば、いかに財政を通じて国が自治体をコントロールしているかがわかります。

多額の借金とサービスの過剰供給

自治体は借金返済に年間 12 兆円を充てる一方で、ほぼ同額の新たな借金をつくっています。もっとも、国の新たな借金は年間 37 兆円で、

その額は国の収入の1/3を占め、返済はその約半分の15兆円ですから、借金は減るどころか増え続けています。

　国や自治体は、こんなに借金をつくりながら、いったい何に使っているのでしょう？　もう一度、図表−36を見てください。

　住民の収める税の総額は国、自治体あわせて103兆円なのに対し、住民の受けるサービスは172兆円です。使用料、手数料など、税以外で住民が負担する額を差し引いても、税に比べサービスが過剰に供給されていることは明らかです。

※コロナ禍の影響を避けるため、数値は2019年度決算。

【図表−36】国、自治体、住民間の財政の流れ

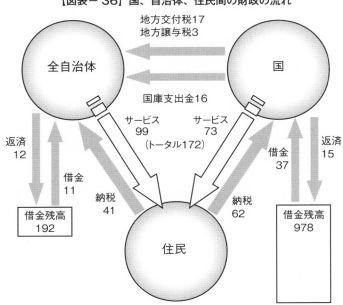

数値：兆円（2019年度決算）
・自治体の借金には国の交付税特別会計からの借入金31を含む。
・自治体の借金には企業債（普通会計負担分）18を含み、企業債
　（企業会計負担分）22を含まない。
・国の借金残高には財政投融資特別会計国債残高92を含む。

4 自治体の歳入

ここがポイント

- 一般財源は使途の特定されない財源である
- 自治体の財源は国に依存する割合が高い
- 自治体の政策も国に依存している可能性が高い

一般財源と特定財源

　財源は使い道に制限のない一般財源と、使い道が限定されている特定財源とに分類することができます（88 頁図表 − 38 参照）。

自主財源と依存財源

　財源は自治体が自らの力で収入できる自主財源と、国や他の自治体から交付される依存財源に分けることができます（88 頁図表 − 38 参照）。

三位一体の改革

　2004 年から 3 年間にわたり行われた、「国庫補助負担金の改革」「地方交付税の改革」「税源移譲を含む税源配分の見直し」のことです。

　改革の結果、国庫補助負担金は 4.7 兆円削減され、これに対する財源として所得税から住民税へ 3 兆円の税源移譲が行われました。しかし、国庫補助負担金の改革は、その多くが負担率の引き下げや、単なる補助負担金の縮小であり、一方で、5.1 兆円もの地方交付税の削減が行われたことから、地方分権改革の効果としては限定的でした。

歳入の動向

　歳入総額（決算額）は 2000 年から 8 年連続減少していましたが、2008 年度以降は国の経済対策や生活保護等の増加により国庫支出金が増加し、その後も地方税の堅調な伸びに支えられて増加傾向にあります。

　地方税は、三位一体の改革による所得税から住民税への税源移譲や、

定率減税の廃止などにより上昇してきましたが、2008年度以降は景気悪化や地方特別税の創設により一時減少します。2012年度以降は、景気回復に伴い増加に転じています。

地方交付税は、2001年以降、財源不足に関して、従来の交付税特別会計の借入金方式に代えて臨時財政対策債を発行し、基準財政需要額の一部を振り替えることとしたことや、三位一体の改革に伴う地方交付税制度の改革等により減少が続いていました。その後、地方財政対策における地方交付税総額の増額等により増加しますが、2012年以降は地方税の増加等により減少傾向にあります。

地方税、地方交付税に地方譲与税、地方特例交付金等を加えた一般財源は、2004年度から地方税、地方譲与税および地方特例交付金等の増加により増加してきましたが、2007年度から一時減少。2010年度以降は再び増加に転じています。

一方、特定財源である国庫支出金は、2000年度以降、普通建設事業の抑制、三位一体の改革による国庫補助負担金の一般財源化等により低下してきましたが、2008年度以降、国の経済対策や生活保護世帯の増加、東日本大震災の影響で増加に転じた後、横ばいで推移しています。

また、地方債は、普通建設事業費の抑制により低下してきましたが、2008年度以降、臨時財政対策債の発行等により増加。近年は、ほぼ横ばいで推移しています。

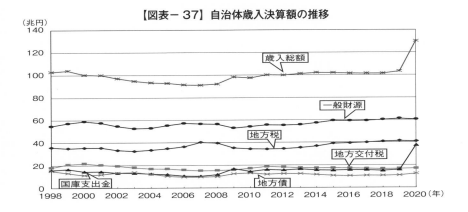

【図表−37】自治体歳入決算額の推移

参考資料

【図表－38】令和２年度（2020年度）歳入決算の状況

区分	令和２年度（2020年度）歳入決算の状況　億円・%						
	都道府県		市町村		純計額		
地方税	205,246	33.2	203,010	26.0	408,256	31.4	＊
地方譲与税	18,000	2.9	4,323	0.6	22,323	1.7	
地方特例交付金等	843	0.1	1,413	0.2	2,256	0.2	
地方交付税	88,781	14.3	81,109	10.4	169,890	13.1	
市町村たばこ税都道府県交付金	9	0.0	—		—		
利子割交付金	—	—	190	0.0	—		
配当割交付金	—	—	907	0.1	—		
株式等譲渡所得割交付金	—	—	1,044	0.1	—		
分離課税所得割交付金	—	—	58	0.0	—		
地方消費税交付金	—	—	27,770	3.6	—		
ゴルフ場利用税交付金	—	—	273	0.0	—		
特別地方消費税交付金	—	—	—		—		
自動車取得税交付金	—	—	1	0.0	—		
軽油引取税交付金	—	—	1,281	0.2	—		
自動車税環境性能割交付金	—	—	452	0.1	—		
法人事業税交付金	—		1,409	0.2	—		
小計（一般財源）	312,878	50.5	323,241	41.4	602,725	46.4	
分担金、負担金	2,775	0.4	4,784	0.6	3,946	0.3	＊
使用料、手数料	8,126	1.3	11,721	1.5	19,847	1.5	＊
国庫支出金	123,493	20.0	250,531	32.1	374,024	28.8	
交通安全対策特別交付金	308	0.0	226	0.0	533	0.0	
都道府県支出金	—	—	45,698	5.9	—		
財産収入	1,769	0.3	3,766	0.5	5,536	0.4	＊
寄附金	384	0.1	7,131	0.9	7,514	0.6	＊
繰入金	15,878	2.6	22,652	2.9	38,530	3.0	＊
繰越金	15,348	2.5	17,682	2.3	33,031	2.5	＊
諸収入	70,918	11.5	27,260	3.5	92,180	7.1	＊
地方債	67,063	10.8	55,773	7.1	122,607	9.4	
特別区財政調整交付金	—	—	9,874	1.3	—		
歳入合計	618,941	100.0	780,341	100.0	1,300,472	100.0	

（注）数値は四捨五入の関係で合計値と合わない場合がある　　＊は自主財源全体で46.8%

【図表－39】歳入区分の内容

地方税	本章の5参照。
地方譲与税	国が徴収した税を一定の基準により自治体に譲与するもの。地方揮発油譲与税・石油ガス譲与税・自動車重量譲与税・特別とん譲与税・航空機燃料譲与税・地方法人特別譲与税があります。
地方特例交付金等	1999年度の恒久的な減税に際し、地方税の減収の一部を補てんするために設けられた制度。2012年から自動車取得税減税分、児童手当及び子ども手当特例交付金の2つが廃止され、残っているのは住宅ローン減税分の1つだけです。
地方交付税	本章の2参照。
市町村たばこ税都道府県交付金	昼間人口を含む成人1人当たりの市町村たばこ税収入が全国平均の2倍を超えた場合、その超過額を市町村が都道府県に交付します。税源の偏在を是正するため2004年に創設されました。
税交付金	区市町村の財政基盤の強化、あるいは徴税事務の簡素化を図るため、都道府県が徴収した税の一定割合が市町村に対して交付されるもの。
分担金、負担金	自治体が特定の事業を行うとき、その経費の全部または一部に充てるため、その事業の実施により特に利益を受ける者などに対し分担金を求めることができます。住民から強制的に徴収することから、法令もしくは条例の定めが必要です。
使用料、手数料	自治体は行政財産の目的外使用、公の施設の利用について使用料を徴収することができます。地方公営企業が徴収する水道、電気、ガス料金、鉄道、バス運賃なども使用料です。また、自治体は特定の者のためにする事務について手数料を徴収することができます。使用料、手数料はいずれも条例で定めなくてはなりません。
国庫支出金	国が特定の行政目的を達成するため、法令に基づきその経費の全部または一部を負担するもので、国庫負担金、国庫委託金、国庫補助金の3種類があります。国の自治体へのコントロールが強まり、地方分権を進める阻害要因になっています。
都道府県支出金	国庫支出金と同様、負担金、委託金、補助金の3種類があります。
交通安全対策特別交付金	交通反則金収入額から経費を差し引いた額が交付され、信号機、道路標識、横断歩道橋の設置等の経費に充てられます。
財産収入	財産の貸付収入、売払代金、預金利子、株式配当金など。
寄附金	使途を特定しない一般寄附金と、使途を特定する指定寄附金があります。
繰入金	会計間、もしくは基金との間での現金の移動です。
繰越金	決算の結果生じる剰余金を翌年度の財源として繰り越すものです。決算後、補正予算で計上しますが、当初予算で見込むこともあります。
諸収入	延滞金、過料、預金利子、貸付金元利収入、受託手数料、広告掲載料、その他、どの款にも属さない収入。
地方債	国や金融機関から長期にわたって借り入れる借金。第2章の6、第6章の8参照。
特別区財政調整交付金	東京都と特別区間における財政調整制度による交付金です。その原資となるのは市町村税である固定資産税、特別土地保有税、市町村民税法人分の3税で、これを都が特別区に代わって徴収し、一定割合（55.1/100：2020年度〜）を特別区に交付します。都区間で配分するのは、上下水道や消防など一般的には市が行うべき事務を特別区域内では都が行っているためであり、特別区間で配分するのは、税源の著しい偏在を調整し、行政水準の均衡を図るためです。（※）

※令和3年度から8年度に限り、固定資産税減収補填特別交付金を含む。

5 自治体の税収①普通税と目的税

ここがポイント

- 使途の定めのない「普通税」と、使途の定めのある「目的税」がある
- 地方税法に定めのある「法定税」とそうでない「法定外税」がある
- 自治体が税を課すには条例によらなければならない

【図表－40】令和2年度（2020年度）地方税の収入状況

単位：億円・％

都道府県				市町村			
区　　　分		収入額	構成	区　　　分		収入額	構成比
1　普通税		183,687	100.0	1　普通税		224,570	100.0
（1)法定普通税		183,601	100.0	（1)法定普通税		207,263	92.3
ア　道府県民税		55,025	30.0	ア　市町村民税		102,393	45.6
	㋐ 個人分	49,220	26.8		㋐ 個人均等割	2,276	1.0
	㋑ 法人分	5,480	3.0		㋑ 所　得　割	81,991	36.5
	㋒ 利子割	325	0.2		㋒ 法人均等割	4,361	1.9
イ　事　　業　　税		42,983	23.4		㋓ 法 人 税 割	13,764	6.1
	㋐ 個人分	2,160	1.2	イ　固定資産税		93,801	41.8
	㋑ 法人分	40,823	22.2		㋐ 純固定資産税	92,936	41.4
ウ　地方消費税		54,238	29.5		土　　地	34,793	15.5
	㋐ 譲渡割	40,511	22.1		家　　屋	40,403	18.0
	㋑ 貨物割	13,726	7.5		償却資産	17,739	7.9
エ　不動産取得税		3,743	2.0		㋑ 交付金	865	0.4
オ　道府県たばこ税		1,335	0.7	ウ　軽自動車税		2,854	1.3
カ　ゴルフ場利用税		394	0.2	エ　市町村たばこ税		8,171	3.6
ク　軽油引取税		9,101	5.0	オ　鉱産税		18	0.0
ケ　自動車税		16,234	8.8	カ　特別土地保有税		1	0.0
コ　鉱区税		3	0.0	（2)法定外普通税		26	0.0
サ　固定資産税		94	0.1	2　目的税		17,307	7.7
（2)法定外普通税		452	0.2	（1)法定目的税		17,265	7.7
2　目的税		86	0.0	ア　入湯税		124	0.1
（1)法定目的税		7	0.0	イ　事業所税		3,845	1.7
ア　狩猟税		7	0.0	ウ　都市計画税		13,296	5.9
（2)法定外目的税		78	0.0	エ　水利地益税		0	0.0
3　旧法による税		0	0.0	（2)法定外目的税		42	0.0
				3　旧法による税		－	－
合　　　　　計		183,608	100.0	合　　　　　計		224,570	100.0

普通税と目的税

　自治体は税を集める役割を担っています。税は２種類に分けられます。

　普通税とは、その収入の使途を特定せず、一般経費に充てるために課税される税です。このうち、地方税法で定められているものを法定普通税、それ以外のものを法定外普通税といいます。

　目的税とは、特定の費用に充てるために課税される税です。普通税と同じように、法定目的税、法定外目的税の区別があります。

【図表－41】都道府県に納める地方税（法定税）

＊都道府県民税	個人には一定額を課す均等割と所得割、利子割、配当割、株式等譲渡所得割、法人には均等割と法人税割、利子割があります。防災対策に要する財源を確保するため、2014年から10年間、個人の均等割に500円が上乗せされます。
事業税	個人、法人が事業を営んでいるとき、その所得または収入に応じて課されます。
＊地方消費税	物品やサービスを消費したとき消費税と併せて課されます。
不動産取得税	土地や家屋を取得したときに課されます。
都道府県たばこ税	たばこを小売業者に売り渡したときに課されます。
＊ゴルフ場利用税	ゴルフ場を利用したときに課されます。
＊自動車取得税	自動車を取得したときに課されます。
＊軽油引取税	軽油の引取りをしたときに課されます。
自動車税	自動車の所有者または使用者に課されます。
鉱区税	鉱業権の所有者に課されます。
固定資産税	一定の額を超える償却資産の所有者に課されます。
狩猟税	狩猟者の登録を受ける者に課されます。

※印の税については、その一部が税交付金として市町村に交付されます。

【図表－42】市町村に納める地方税（法定税）

市町村民税	個人には一定額を課す均等割と所得割、法人には均等割と法人税割があります。防災対策に要する財源を確保するため、2014年から10年間、個人の均等割に500円が上乗せされます。
固定資産税	土地、家屋、事業に使う償却資産の所有者に課されます。
軽自動車税	原動機付自転車や軽自動車などの所有者に課されます。
市町村たばこ税	たばこを小売業者に売り渡したときに課されます。
鉱産税	鉱物などを採掘したときに課されます。
特別土地保有税	一定規模以上の土地の取得者、所有者に課されます。
入湯税	温泉地の温泉に入浴したときに課されます。
事業所税	指定都市等で一定規模以上の事業を行う事業者に課されます。
都市計画税	都市計画区域内に所在する土地や家屋の所有者に課されます。
水利地益税	水利事業によって利益を受けるとき、土地や家屋の所有者に課されます。

6 自治体の税収②法定税と法定外税

ここがポイント

- 法定外普通税、法定外目的税を課すときは総務大臣協議が必要
- 砂利採取税のように姿を消した法定外普通税もある
- 誰にどのように課税するか？　公平なようで逆進的な間接税

法定税と法定外税

　地方税法で定められているものを法定税、それ以外のものを法定外税といいます。法定外税の新設、変更には、あらかじめ総務大臣に協議し、同意を得なければなりません。しかし、次のいずれかに該当する場合を除き、地方財政審議会の意見を聴き、同意することになっています。

① 国税または他の地方税と課税標準を同じくし、かつ、住民の負担が著しく過重となるとき。

② 自治体間における物の流通に重大な障害を与えるとき。

③ 以上の他、国の経済施策に照らして適当でないとき。

法定外普通税

　都道府県税では、沖縄県の石油価格調整税の他、核燃料税（福井県他）、核燃料等取扱税（茨城県）、核燃料物質等取扱税（青森県）など、原子力事業関連の課税が大半を占めます。市町村税では、別荘等所有税（静岡県熱海市）、歴史と文化の環境税（福岡県太宰府市）、使用済核燃料税（鹿児島県薩摩川内市）、狭小住戸集合住宅税（東京都豊島区）などがある一方、砂利採取税のように市場の減少で消えた税もあります。

法定外目的税

　都道府県税では、産業廃棄物処理税（岡山県）、産業廃棄物埋立税（広島県）、産業廃棄物処分場税（鳥取県）、産業廃棄物減量税（島根県）、循環資源利用促進税（北海道）など、いわゆる産業廃棄物税が27都道

府県で課税されています。その他、宿泊税（東京都）、乗鞍環境保全税（岐阜県）などがあります。市町村税では、遊漁税（山梨県富士河口湖町）、環境未来税（福岡県北九州市）、使用済核燃料税（新潟県柏崎市）、環境協力税（沖縄県伊是名村他）などがあります。

◤ 直接税と間接税

　直接税は、所得税や法人税のように、税金を納めるべき人（事業者）が直接、国や自治体に納める税です。一方、間接税は、酒税、たばこ税、消費税のように、製造者、販売業者、サービス提供者（事業者）が税金を納めますが、実際には、製品やサービスの価格に税金が含まれていて、購入する人が間接的に負担する税です。間接税は、所得の低い人ほど税負担割合が上がる「逆進性」が指摘され、これを緩和するため、消費税には生活必需品の税率を軽減する「軽減税率制度」があります。

【図表－43】国に納める税（参考）

☆所得税	個人の所得に対して課されます。
復興特別所得税	東日本大震災からの復興のため、2013年から25年間、所得税額の2.1%が所得税と併せて徴収されます。
☆法人税	法人の所得に対して課されます。
★森林環境税	2024年度から、森林整備等に必要な財源を確保するため、市町村の個人住民税均等割と合わせて年額千円を徴収し、その全額が自治体に譲与されます。
★特別法人事業税	2019年度税制改正において、地方法人課税における税源の偏在を是正するため、法人事業税の一部を分離し、国税として課すもので、人口を基準に都道府県に再配分（譲与）されます。
相続税	財産を相続したときに課されます。
贈与税	財産を贈与されたときに課されます。
地価税	1998年以降適用停止。土地投機を抑制するため、1992年に創設。一定規模以上の土地等の所有者に課されていました。
☆消費税	物品やサービスを消費したときに課されます。
☆酒税	酒類を出荷したときに課されます。
☆たばこ税/たばこ特別税	たばこを製造所から出荷したときや輸入したときに課されます。
★地方揮発油税/揮発油税	ガソリン等を製造所から出荷するときに課されます。
★航空機燃料税	燃料を航空機に積み込んだときに課されます。
★石油ガス税	自動車にLPGを入れたときに課されます。
石油石炭税	原油、石油製品、LPG、LNG、石炭を輸入したときに課されます。
★自動車重量税	自動車の車検、軽自動車の使用の届出の際に課されます。
印紙税	契約書や領収書など特定の文書を作成したときに課されます。
登録免許税	不動産、会社等の登記、登録を行うときに課されます。
電源開発促進税	電力会社が電気を供給するときに課されます。
★特別とん税/とん税	外国貿易船が入港するときに課されます。
関税	外国から貨物を輸入したときに課されます。

☆の税の一定割合が地方交付税、★の税の全部または一部が地方譲与税として自治体に交付、譲与される。

7 自治体の歳出（目的別）

ここがポイント

- 予算は、大きい分類から、款・項・目・節の順に細かく分類される
- 款・項・目までは目的別に分類され、節は性質別に分類される
- 近年、民生費の伸びが著しく、土木費がしわ寄せを受けている

■ 款・項・目・節の区分

　歳出予算はその目的にしたがって款（カン）・項・目に区分します。具体的には 96、97 頁の図表を確認してください。区分の基準は地方自治法施行規則で都道府県、市町村の別にそれぞれ定められていますが、自治体の実情に応じ、科目の新設、変更が可能です。ただし、款・項は議決科目ですから予算の議決が必要です。

　なお、一般会計には予算外の支出または予算超過の支出に充てるため、予備費を計上しなければなりません。ただし、特別会計においては、予備費を計上しないことができます。

　一番細かい「節」（セツ）は性質別に区分され、予算執行上の理由から必要に応じ、さらに細かく区分することがあります。

■ 民生費の動向

　民生費の構成比は、2000 年（13.7％）以降、一貫して上昇し続けていましたが、2016 年（26.8％）からは、ほぼ横ばいで推移しています。しかし、その総額は 16 年間で 2 倍に増えています。2016 年度の民生費の財源内訳を見ると、国庫支出金の 31.4％に対し、自治体の一般財源等は 62.5％にのぼっています。国と自治体との役割（経費）分担の見直しを図るとともに、自治体が独自に拡大してきた施策についても、将来にわたる財源の裏付けについて検証すべきです。

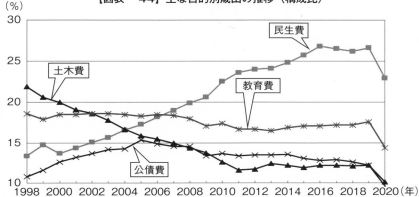

【図表－44】主な目的別歳出の推移（構成比）

※2020年はコロナ禍の影響

■ 土木費の動向

　土木費の構成比は同じ16年間で見ると、20％から12.2％に下がり、総額では40％減少しました。民生費の伸びを土木費の削減によってつじつまを合わせてきたことがわかります。2016年度の土木費の財源内訳を見ると、国庫支出金の17.2％に対し、自治体の一般財源等は44.1％、そして地方債の発行で24.4％を賄っています。土木費の中には道路橋りょう費、河川海岸費など、住民の生命・財産にかかわるインフラの維持保全に必要不可欠な事業が含まれています。これらを重要度、緊急性などにより仕分け、必要な財源を確保しなければなりません。

■ 教育費の動向

　かつて最大の割合を占めていた教育費の構成比は同じ16年間で18.5％から17.1％へ、総額では10％減少しています。児童生徒数の減少（△14％）が原因ですが、小中学校の数は減少（△13％）しているのに対し、施設面積はほとんど変わっていません。これを無駄（余剰）と解すか、投資とするか。いま、学校教育は教師主体の一斉授業から学習者主体の学びへ変わろうとしています。

　教育への投資が大切なことは歴史が教えてくれています。

参考資料

区分	都道府県		市町村		純計額	
議会費	755	0.1	3,309	0.4	4,062	0.3
総務費	29,971	5.0	202,302	26.7	225,346	18.0
民生費	97,297	16.3	224,856	29.7	286,942	22.9
衛生費	40,401	6.8	52,785	7.0	91,202	7.3
労働費	2,320	0.4	987	0.1	3,264	0.3
農林水産業費	25,061	4.2	14,077	1.9	34,106	2.7
商工費	85,102	14.3	31,338	4.1	115,336	9.2
土木費	62,955	10.5	65,820	8.7	126,902	10.1
消防費	2,336	0.4	19,730	2.6	21,250	1.7
警察費	33,216	5.6	—	—	33,211	2.6
教育費	101,953	17.1	80,461	10.6	180,961	14.4
災害復旧費	5,960	1.0	4,867	0.6	10,047	0.8
公債費	66,176	11.1	54,763	7.2	120,636	9.6
諸支出金	300	0.1	1,036	0.1	1,322	0.1
前年度繰上充用金	—	—	2	0.0	2	0.0
利子割交付金	190	0.0	—	—		
配当割交付金	907	0.2	—	—		
株式等譲渡所得割交付金	1,044	0.2	—	—		
分離課税所得割交付金	58	0.0	—	—		
地方消費税交付金	27,770	4.7	—	—		
ゴルフ場利用税交付金	273	0.0	—	—	税交付金	
特別地方消費税交付金	—	—	—	—		
自動車取得税交付金	1	0.0	—	—		
軽油引取税交付金	1,281	0.2	—	—		
自動車税環境性能割交付金	452	0.1	—	—		
法人事業税交付金	1,410	0.2	—	—		
特別区財政調整交付金	9,874	1.7	—	—		
歳出合計	597,063	100.0	756,335	100.0	1,254,588	100.0
予備費	—	—	—	—	—	—

【図表− 46】歳出予算における款の区分

議会費	議員報酬や政務活動費など議会活動に要する経費。
総務費	庁舎管理、徴税、戸籍など自治体運営に不可欠な経費および他の費目に属さない選挙に要する経費など。
民生費	社会福祉、児童、老人、障害者福祉、生活保護など社会保障に要する経費。
衛生費	保健衛生やごみ処理、公害対策など生活環境を保持するための経費。
労働費	勤労者を支援するための経費。
農林水産業費	農業委員会の運営や、農林水産業の振興に要する経費。
商工費	商工業の振興、観光、企業誘致などに要する経費。
土木費	道路、公園等の建設や維持、土地区画整理など都市計画に要する経費。
消防費	消防や災害対策に要する経費。
警察費	警察のための経費。
教育費	教育委員会の運営および学校教育、生涯教育などに要する経費。
災害復旧費	災害による被害の復旧に要する経費。
公債費	地方債の償還に要する経費。
諸支出金	普通財産の取得経費、公営企業への繰り出し金・貸付金など。
前年度繰上充用金	前年度の歳入が歳出に不足し、前年度の歳入に充てた額。
税交付金	都道府県が徴収した税の一定割合を市町村に交付するもの。市町村の決算額に計上されるので純計はゼロ。
特別区財政調整交付金	東京都と特別区間で行われている財政調整制度による交付金。市町村の決算額に計上されるので純計はゼロ。
予備費	予算外の支出、予算超過の支出に備えるための経費。予算には計上しますが、目的の款に充当（充用）したうえで支出するので、決算上はゼロ。

【図表－47】歳出予算における款、項、目の例

款 / 項 / 目

1議会費
- 1議会費
  - 1議会費
  - 2事務局費

2総務費
- 1総務管理費
  - 1一般管理費
  - 2文書広報費
  - 3財政管理費
  - 4会計管理費
  - 5財産管理費
  - 6企画費
  - 7支所出張所費
  - 8公平委員会費
  - 9恩給及び退職年金費
- 2徴税費
  - 1徴税総務費
  - 2賦課徴収費
- *市町村振興費
  - 1市町村連絡調整費
  - 2自治振興費
- 3戸籍住民基本台帳費
  - 1戸籍住民基本台帳費
- 4選挙費
  - 1選挙管理委員会費
  - 2選挙啓発費
  - 3××選挙費
- *防災費
  - 1防災総務費
  - 2消防連絡調整費
- 5統計調査費
  - 1統計調査総務費
  - 2××統計費
- *人事委員会費
  - 1委員会費
  - 2事務局費
- 6監査委員費
  - 1監査委員費
  - 2事務局費

3民生費
- 1社会福祉費
  - 1社会福祉総務費
  - 2社会福祉施設費
  - *身体障害者福祉費
  - *知的障害者福祉費
  - *老人福祉費
  - *遺族等援護費
  - *国民健康保険連絡調整費
- 2児童福祉費
  - 1児童福祉総務費
  - 2児童措置費
  - 3母子福祉費
  - 4児童福祉施設費
- 3生活保護費
  - 1生活保護総務費
  - 2扶助費
  - 3生活保護施設費
- 4災害救助費
  - 1災害救助費

4衛生費
- 1保健衛生費
  - 1保健衛生総務費
  - 2予防費
  - 3環境衛生費
  - 4診療所費
  - *衛生試験所費
- *環境衛生費
  - 1環境衛生総務費
  - 2食品衛生指導費
  - 3環境衛生指導費
- *保健所費
  - 1保健所費
- *医薬費
  - 1医薬総務費
  - 2医務費
  - 3保健師等指導監理費
  - 4薬務費
- 2清掃費
  - 1清掃総務費
  - 2塵芥処理費
  - 3し尿処理費

5労働費
- 1失業対策費
  - 1失業対策総務費
  - 2一般失業対策事業費
- 2労働諸費
  - 1労働諸費
- *労務費
  - 1労務総務費
  - 2労務教育費
  - 3労務福祉費
- *職業訓練費
  - 1職業訓練総務費
  - 2職業訓練費
- *労働委員会費
  - 1委員会費
  - 2事務局費

6農林水産業費
- 1農業費
  - 1農業委員会費
  - 2農業総務費
  - 3農業振興費
  - 4農作物対策費
  - *植物防疫費
  - *農業協同組合指導費
  - *食糧管理費
  - *農業試験場費
- *畜産業費
  - 1畜産総務費
  - 2畜産振興費
  - 3家畜保険衛生費
  - 4畜産試験場費
- *農地費
  - 1農地総務費
  - 2土地改良費
- 2林業費
  - 1林業総務費
  - 2林業振興費
- 3水産業費
  - 1水産業総務費
  - 2水産業振興費
  - 3漁港管理費
  - 4漁港建設費

7商工費
- 1商工費
  - 1商工総務費
  - 2商工業振興費
  - 3観光費
  - *貿易振興費
- *工鉱業費
  - 1工鉱業総務費
  - 2中小企業振興費
  - 3鉄砲火薬ガス等取締費
  - 4鉱業振興費

8土木費
- 1土木管理費
  - 1土木総務費
  - *土木出張所費
  - *建築業指導監督費
  - *建築指導費
- 2道路橋りょう費
  - 1道路橋りょう総務費
  - 2道路維持費
  - 3道路新設改良費
  - 4橋りょう維持費
  - 5橋りょう新設改良費
- 3河川費
  - 1河川総務費
  - *河川改良費
  - *砂防費
  - *海岸保全費
  - *水防費
- 4港湾費
  - 1港湾管理費
  - 2港湾建設費
- 5都市計画費
  - 1都市計画総務費
  - 2土地区画整理費
  - 3街路事業費
  - 4公共下水道費
  - 5都市下水路費
  - 6公園費
- 6住宅費
  - 1住宅管理費
  - 2住宅建設費

*警察費
- 1警察管理費
  - 1公安委員会費
  - 2警察本部費
  - 3装備費
  - 4警察施設費
  - 5運転免許費
  - 6恩給及び退職年金費
- 2警察活動費
  - 1一般警察活動費
  - 2刑事警察費
  - 3交通指導取締費

9消防費
- 1消防費
  - 1常備消防費
  - 2非常備消防費
  - 3消防施設費
  - 4水防費

10教育費
- 1教育総務費
  - 1教育委員会費
  - 2事務局費
  - 3恩給及び退職年金費
  - *教職員人事費
- 2小学校費
  - 1学校管理費
  - 2教育振興費
  - 3学校建設費
- 3中学校費
  - 1学校管理費
  - 2教育振興費
  - 3学校建設費
- 4高等学校費
  - 1高等学校総務費
  - 2全日制高等学校管理費
  - 3定時制高等学校管理費
  - 4教育振興費
  - 5学校建設費
  - *通信教育費
- *特別支援学校費
  - 1特別支援学校費
- 5幼稚園費
  - 1幼稚園費
- 6社会教育費
  - 1社会教育総務費
  - 2公民館費
  - 3図書館費
  - *文化財保護費
- 7保健体育費
  - 1保健体育総務費
  - 2体育施設費

11災害復旧費
- 1農林水産施設災害復旧費
  - 1××災害復旧費
- 2××施設災害復旧費
  - 1××災害復旧費

12公債費
- 1公債費
  - 1元金
  - 2利子

13諸支出金
- 1普通財産取得費
  - 1××取得費
- 2公営企業貸付金
  - 1××公営企業貸付金
- 3特別会計繰出金
  - 1××特別会計繰出金
- *利子割交付金
  - 1利子割交付金
- *配当割交付金
  - 1配当割交付金
- *株式等譲渡所得割交付金
  - 1株式等譲渡所得割交付金
- *地方消費税交付金
  - 1地方消費税交付金
- *ゴルフ場利用税交付金
  - 1ゴルフ場利用税交付金
- *自動車取得税交付金
  - 1自動車取得税交付金

14予備費
- 1予備費
  - 1予備費

※項・目を市町村の経費区分に都道府県の経費区分を加えて作成。
　全科目を網羅したものではない。

8 自治体の歳出（性質別）

ここがポイント

- 経費を、義務的経費、投資的経費、その他行政経費に３分類する
- 義務的経費とは人件費、扶助費、公債費である
- 投資的経費とは普通建設事業費、災害対策費、失業対策費である

■ 義務的経費の動向

　義務的経費の構成比は1995年度以降、上昇傾向にあり、2007年度に52.1％に達し、近年は50％前後で推移しています。

　義務的経費の中の人件費の構成比は2007年度（28.3％）をピークに低下していましたが、2014年度以降は22.9％で横ばいです。地方公務員の数は241万余（普通会計分）で、1995年から21年連続して減少していましたが、2016年に増加に転じました。人件費は職員数と給与水準で総額が決まります。容易に削減できない義務的経費であることから、適正な定員管理が必要です。

　扶助費を目的別に見ますと、児童福祉費が６兆６千億円で最も大きく（扶助費の44％）、以下、生活保護費の３兆６千億円（同24.3％）、社会福祉費の３兆６千億円（同23.9％）、老人福祉費の２千億円（同1.4％）の順となっています。2000年度、介護保険制度の実施により老人福祉費が減少した他は、一貫して増加傾向にあり、総額は20年連続で増加しています。また、2010年に大幅に上昇しているのは子ども手当の創設によるものです。

　公債費は地方債元利償還金および一時借入金の利子の支払いに要する経費です。2019年度決算では、地方債元利償還金が11兆1千億円、同利子が1兆1千億円、一時借入金利子は6億円でした。公債費の構成比は2005年（15.4％）まで上昇しましたが、その後は低下傾向にあります。

【図表-48】①義務的経費、投資的経費、その他行政経費　②義務的経費の内訳である人件費、扶助費、公債費、投資的経費の大部分を占める普通建設事業費

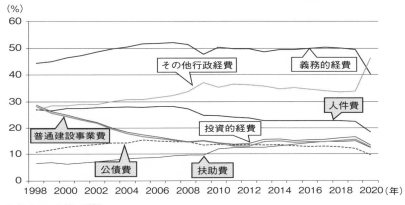

※2020年はコロナ禍の影響

投資的経費の動向

　投資的経費の構成比は1995年度（32.5％）以降、国の経済対策の影響で一時的に上昇した時期を除き、2011年度（13.7％）まで低下し続けました。その後は上昇に転じ、2019年度に16.5％まで回復しています。

　投資的経費の大部分を占める普通建設事業費は10年前の107％の水準まで上昇しています。これを目的別に見ますと、清掃費166％、民生費145％、教育費127％であるのに対し、土木費は93％、農林水産費94％であり、インフラへの投資が進んでいないことがわかります。

その他行政経費の動向

　その他の経費の構成比は、補助費等の増加により2011年度（36.5％）までは上昇していましたが、その後は低下傾向にあります。

東日本大震災の影響

　2011年3月に発生した震災により、2011年度は4兆5千億円が支出されました。2019年度は1兆8千億円、2020年度は1兆5千億円です。復興が進み予算は小さくなっても震災の記憶を風化させてはいけません。

参考資料

【図表－49】令和２年（2020年度）歳出決算の状況（性質別）

単位：億円・%

区 分	都道府県		市町村		純計額	
人件費	124,738,353	21.2	105,544,608	14.0	230,283	18.4
扶助費	11,332,324	1.9	142,889,798	18.9	154,222	12.3
公債費	65,940,836	11.2	54,702,648	7.2	120,342	9.6
小計　義務的経費	202,011,514	34.4	303,137,054	40.1	504,847	40.2
普通建設事業費	81,943,084	14.0	83,545,243	11.0	158,663	12.6
うち　補助事業費	47,894	0.0	82,416	0.0	82,416	6.6
単独事業費	25,737	0.0	67,074	0.0	67,074	5.3
災害復旧事業費	5,959,618	1.0	4,866,311	0.6	10,045	0.8
失業対策事業費	—	—	207	0.0	0	0.0
小計　投資的経費	87,902,702	15.0	88,411,761	11.7	168,709	13.4
物件費	20,877,512	3.6	85,896,003	11.4	106,774	8.5
維持補修費	5,259,925	0.9	8,454,689	1.1	13,715	1.1
補助費等	184,785,489	31.5	183,841,478	24.3	287,853	22.9
積立金	11,470,724	2.0	18,656,276	2.5	30,127	2.4
投資及び出資金	1,812,887	0.3	2,614,952	0.3	4,428	0.4
貸付金	65,404,077	11.1	16,573,030	2.2	81,723	6.5
繰出金	7,664,399	1.3	48,747,387	6.4	56,412	4.5
前年度繰上充用金	—	—	2,357	0.0	2	0.0
小計　その他の行政経費	297,275,014	50.6	364,786,171	48.2	581,033	46.3
歳　出　合　計	587,189,230	100.0	756,334,987	100.0	1,254,588	100.0

【図表－50】自治体歳出予算の性質別区分

	区分	説明
義務的経費	人件費	議員の報酬、職員の給与、退職金など。
	扶助費	生活保護、児童福祉、高齢者福祉、障害者福祉などを支援するための経費。
	公債費	地方債の元利償還金、一時借入金の利子などの経費。
投資的経費	普通建設事業費	道路・橋りょう、公共施設の建設などのための経費。国庫補助の有無で補助事業、単独事業に分類します。
	災害復旧事業費	災害復旧として実施する経費。
	失業対策事業費	雇用対策として実施する経費。
その他行政経費	物件費	賃金、旅費、交際費、需用費、役務費、備品購入費、報償費、委託料、使用料および賃借料などの消費的性質の支出。
	維持補修費	公共施設等の維持管理経費。ただし、機能が改善するものは普通建設事業に計上されます。
	補助費等	住民や各種団体に対する助成金や一部事務組合への負担金など。
	積立金	基金への積立て。
	投資及び出資金	国債、地方債等の取得、財団法人への出捐、出資に要する経費。
	貸付金	住民、法人、企業などへの貸付金。
	繰出金	他会計に支出する経費。
	前年度繰上充用金	前年度の歳入が歳出に不足し、前年度の歳入に充てた額。

【図表－51】歳出予算における節の区分

1	報酬	議員、委員、非常勤職員の役務の対価。
2	給料	常勤の特別職、一般職の勤務の対価。
3	職員手当等	給料を補完する時間外勤務手当、管理職手当、扶養手当、住居手当、通勤手当など。
4	共済費	共済組合に対する負担金と報酬、給料および賃金に係る社会保険料など。
5	災害補償費	非常勤職員の公務災害に対する補償金。
6	恩給及び退職年金	共済組合法施行以前に退職した方への措置。
7	報償費	役務（サービス）の提供や施設の利用等により受けた利益に対する謝礼など。
8	旅費	公務のため、議員や職員などが旅行する際に要する経費。
9	交際費	首長などが自治体を代表し、その利益のために外部と公の交渉をするために必要な経費。
10	需用費	事務の執行上必要な経費で短期間に費消されるもの。消耗品費、燃料費、食糧費、印刷製本費、光熱水費、修繕料、賄材料費、飼料費、医療材料費など。
11	役務費	役務（サービス）の提供の代価。通信運搬費、保管料、広告料、手数料、筆耕翻訳料、保険料など。
12	委託料	外部の者と契約を結んで事務、事業を実施させるときに必要な経費。工事の設計業務、建物の管理、調査・研究など。
13	使用料及び賃借料	不動産、自動車・機械等の借上げ、物品や権利の使用の対価として必要な経費。
14	工事請負費	土木工事、建築工事、船舶等の製造、工作物の移転・除去などに要する経費。
15	原材料費	自ら実施する工事、工作に必要な原材料の購入、工事請負者に対して支給する原材料の購入に必要な経費。
16	公有財産購入費	土地、建物など公有財産として必要な不動産や権利を購入するための経費。
17	備品購入費	形状・性質を変えることなく比較的長期にわたって継続して使用できる物品（備品）を購入するための経費。
18	負担金、補助及び交付金	法令または契約に基づいて負担しなければならない経費や、特定の事業や研究等を促進するために支出する補助金など。
19	扶助費	生活保護法、児童福祉法などの法律または条例等に基づき被扶助者に対して支出する経費。
20	貸付金	公益法人や個人などに金銭を貸し付けるもの。
21	補償、補填及び賠償金	行政活動により生じた損失の補償、自治体が被った欠損の補填、繰上充用金、他人の権利を侵害し損害を与えた場合の賠償金など。
22	償還金利子及び割引料	地方債の元利償還金、還付加算金など。
23	投資及び出資金	債権及び株式を取得するための経費や、財団法人の設立に必要な出捐金など。
24	積立金	特定目的のための資金の積立てを内容とする基金などに支出する経費。
25	寄附金	公益の必要がある場合に、相当の反対給付を受けることなく支出する経費。
26	公課費	公租公課（税金）。
27	繰出金	一般会計と特別会計または特別会計相互間において、過不足を補うことを目的として支出するために必要な経費や、定額資金運用を目的とする基金に対する経費。

9 財政指標から見た地方財政

ここがポイント

- 経常収支比率は適正水準を超えた状況が続いており、余裕がない
- 公債費負担比率は地方債の発行が減少したため低下しつつある
- 収支均衡のため、投資的経費を抑制せざるを得ないためである

経常収支比率

$$経常収支比率 = \frac{経常経費に充てた経常一般財源}{経常一般財源}$$

> 経常的に入る一般財源が経常的経費として出てしまう割合。70〜80%が適正とされています。

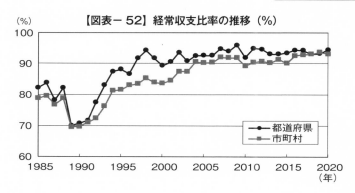

【図表－52】経常収支比率の推移（%）

経常収支比率は、経常一般財源（一般財源のうち地方税、普通交付税のように毎年度、経常的に収入されるもの）が、経常経費（人件費、扶助費、公債費のように毎年度、経常的に支出される経費）に充てられた割合です。家計でいえば、給料が、住宅ローンの支払いや光熱水費、食費など生活で不可欠な経費に何%充てられているか？　という数字です。

　この数字が高いと、雨漏りがするけど余裕がないから応急処置だけにしよう、メガネが目に合わなくなってきたけど我慢して使おう、飲みに誘われたけど、余裕がないのでお断りしよう、ということになります。

　家計の場合、この余裕は大きければ大きいほどいいわけですが、自治

体の場合はそうではありません。自治体は、その役割を果たすために税金を徴収しているので、余裕が大きすぎるということは税金を取りすぎているということだからです。そこで、自治体の経常収支比率は70〜80％が適正だとされています。

　この経常収支比率は、1990年度には70％まで低下しましたが、その後は上昇に転じ、1994年に危険水準の80％を超え、1997年度には都道府県で、2004年度には市町村で90％を突破しました。

　2020年度、経常収支比率が80％以上の自治体は、都道府県47自治体すべて、市町村は全体の94％にあたる1,628団体となっています。

■ 公債費負担比率

$$公債費負担比率 = \frac{公債費に充てた一般財源}{一般財源}$$

> 一般財源等を使って支払う借金返済額の割合。15％で警戒、20％が危険水準とされています。

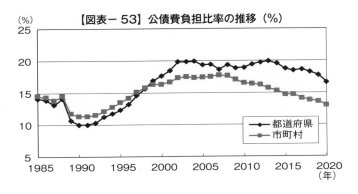

【図表－53】公債費負担比率の推移（％）

　公債費負担比率は、一般財源を公債費に充てている割合です。家計でいえば、借金の返済に給料の何％を充てているか？　という数字です。

　1991年度以降、地方税収等の落ち込みや減税による減収の補てん、景気対策等のための地方債の増発等により上昇し、1997年に警戒水準の15％を超えた後、一時は危険水準の20％に肉薄します。収支均衡のために投資的経費の抑制を続けたことにより、都道府県は2013年（19.9％）、市町村は2007年（17.7％）をピークに下降を続けています。

10 財政が健全か確認する

ここがポイント

- 新しい財政指標、赤信号１、黄信号０、青信号ばかりで危機感ゼロ
- 経常収支比率などの従来の財政指標や類似団体との比較を行う
- 財務書類と固定資産台帳を活用し新たな経営情報を得る

■ 新しい財政指標で状況を把握する

　2008 年 4 月「地方公共団体の財政の健全化に関する法律」が施行され、新たに実質赤字比率、連結実質赤字比率、実質公債費比率、将来負担比率の４つの健全化判断比率を設け、毎年度、議会に報告し、公表することになりました。そして、いずれかの指標が早期健全化基準以上の場合は財政健全化団体となり、財政健全化計画を定め、自主的な改善努力が求められます。さらに財政再生基準以上の場合は財政再生団体となり、財政再生計画を定め、国等の関与による健全化が図られます。

　また、公営企業に対しても、資金不足比率が経営健全化基準を超える場合には経営健全化団体に指定され、経営健全化計画を定め実施状況を公表しなければなりません。

【図表－54】健全化判断比率の概要

健全化判断比率		早期健全化基準	財政再生基準
		都道府県 市区町村	都道府県 市区町村
実質赤字比率	普通会計に相当する一般会計および特別会計の実質赤字の標準財政規模に対する比率	3.75% 11.25〜15%	5% 20%
連結実質赤字比率	全会計を対象とした実質赤字額または資金不足額の標準財政規模に対する比率	8.75% 16.25〜20%	15% 30%
実質公債費比率	一般会計等が負担する元利償還金および準元利償還金の標準財政規模に対する比率	25% 25%	35% 35%
将来負担比率	一般会計等が将来負担すべき実質的な負債の標準財政規模に対する比率	400%(政令市含む) 350%	

		経営健全化基準
資金不足比率	各公営企業ごとの資金不足額の事業規模に対する比率	20%

この健全化判断比率の特徴は財政状況の監視対象を、普通会計から地方公営企業および外郭団体へと広げ、フローだけでなくストックの財政指標も含めて評価する点です。健全化判断比率算出の対象となる会計は、実質赤字比率が普通会計相当であり、連結実質赤字比率、実質公債費比率、将来負担比率の対象会計は図−55のとおりです。公営企業会計については、会計ごとに資金不足比率を算定します。

　2020年度決算に基づく健全化判断比率が早期健全化基準以上である自治体は全1,788中わずか1で、この自治体は財政再生基準以上でした。また、資金不足額のある公営企業会計は全5,980会計中49、うち9会計が経営健全化基準を超えています。

　これとは別に、実質公債費比率が18％以上の自治体は、公債費負担適正化計画を策定し、これを前提に地方債の発行が許可されることになっています。これは、地方債全体の信用を維持するために設けられたガイドラインです。2020年度決算で18％を超えた自治体は全部で4あり、その内訳は都道府県1団体、市区2団体、町村1団体となっています。

　このような新しい財政指標がつくられたものの、現在では警鐘を鳴らす基準とはなっておらず、類似団体との比較などを通じて自治体の健全性を確認しているのが現状です。

【図表−55】健全化判断比率の対象となる会計

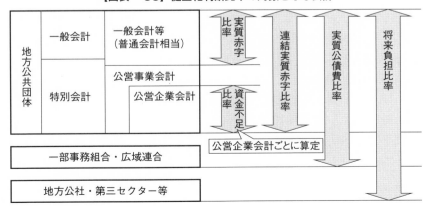

COLUMN
悪貨は良貨を駆逐す

　名目価値（額面）が同じでも、質（金の含有量のような）の異なる貨幣がある場合は、良貨はしまい込まれて市場から消え、悪貨だけが流通する。16世紀、英国王室の財務顧問を担当していた貿易商トーマス・グレシャムが唱えた経済法則で、エリザベス一世に提出した意見書にある言葉です（グレシャムの法則）。

　同じころの日本の話です。江戸幕府は50年もたつと、その放漫経営により家康の遺産（400万両）を食いつぶし財政難に陥っていました。年貢の取り立て、金や銀の採掘、豪商からの借入れにも限度、限界があります。

　そこで考え出されたのが「元禄の改鋳」（1695年）でした。勘定奉行荻原重秀は、それまで流通していた慶長小判を回収し、金の含有量を減らした元禄小判を発行します。交換レートは1対1でしたが、1％のプレミアムを付けて交換することにしました。

　しかし、元禄小判の金の含有量は、慶長小判の84.29％に比べ57.36％と、3割以上減少しています。1％のプレミアムでは割に合わないと商人の反発を受け、なかなか交換は進みませんでした。結局、幕府は慶長小判の流通禁止を布告し、力づくで貨幣改鋳を実現したのです。元禄の改鋳によって幕府は500万両もの逆ザヤを稼いだとされていますが、これは当時の幕府予算の5倍に匹敵します。

　金本位制から幕府の権威による管理通貨制へ、「元禄の改鋳」は現代につながる先駆的政策だったといえるでしょう。そして、小判が紙幣になり、「悪貨は良貨を駆逐する」の意味も変わりました。「悪いものを放置すると悪がはびこり、良いものは消えてしまう」。組織の中の悪貨や悪習から目を逸らせば、良貨も良習も失うことになります。

第 5 章

予算はこうして
つくられる

1 予算編成の流れ

ここがポイント

- 予算編成は編成→執行→決算→評価まで、足かけ３年の仕事
- 密室での査定からよりオープンな査定へ変わりつつある
- 行政評価のタイムラグを縮め、PDCAサイクルを早く回す

■ 予算から決算まで２年間かかる

　自治体の予算編成は前年度出納が閉鎖され（５月31日）、決算の数字が固まるころから始まります。遅くても９～10月ごろには決まる予算編成方針にそって、事業部門からの予算要求、財政課や首長の査定、議会の承認を経て、予算が決まります。図表－56は当初予算編成の流れです。補正予算編成もほぼ同じで、議会日程に合わせて行われます。

【図表－56】当初予算編成の流れ

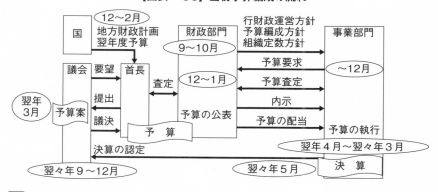

■ 事前ヒアリングで方針を固める

　図表－57の例では予算編成方針策定の前に事前ヒアリングを実施しています。これは、首長が事業部門にシーリングの設定や、枠配分を行うためです。指示がないと動かない「指示待ち組織」に対し、事業部門に一定の権限と責任を与える分権型組織では、首長と事業部門とのコミュニケーションを密にすることが重要です。

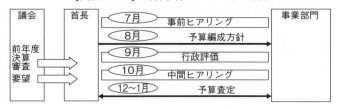

【図表－57】当初予算ヒアリングの流れ

行政評価を予算へ反映する

　現在、自治体の多くで行政評価制度が導入されています。行政評価が導入された当初は、予算編成の流れとは無関係に評価が行われ、その存在意義が問われたこともありました。その反省から、現在では予算編成の流れに乗せる工夫が見られます。

　図表－57の例では、議会の決算審査までに行政評価を終えることになっており、評価結果が審査の材料になります。予算編成作業中の事業部門は、議会の審査と行政評価の結果、そして議会のまとめる予算要望を次年度の予算編成に反映します。この例では、中間ヒアリングを実施して、これを確認することになっています。

　このように、予算編成は従来のように、財政部門と事業部門が密室でしのぎを削る方式から、よりオープンなものに変わりつつあるのです。

予算のPDCAサイクルを早く回す

　行政評価の結果が出るのは予算執行後の秋です。従って、評価結果を反映する予算は予算執行年度の翌々年度ということになってしまいます。これでは社会の変化に必ずしも的確に対応することはできません。不確実な現代社会の中で、予算はもっと機動的に使う必要があるからです。PDCAサイクルを早く回すには次のような方法が考えられます。
①補正予算を柔軟に運用する
②期末評価だけでなく期中評価（中間評価）を実施する
③KDIモデルをつくり、KPIを推定し評価できるようにする

2 予算編成方針

ここがポイント

- 首長の重点政策を具体化する
- 予算の骨格（フレーム）をつくる
- 予算要求にはルールがある

▨ 予算のシミュレーションで予算の骨格を決める

自治体運営にこれだけかかるから、これだけ税金を徴収する、という「量出制入」（第1章の4）が自治体の財政運営の基本です。しかし、現在の「つじつま合わせ」の財政運営では、歳入の見通しから始めなくてはなりません。

これは、一般の家庭の財政運営（家計）によく似ています。

まず、家人の収入を見込みます。そこから、住宅ローン、光熱水費、食費、交通費、新聞代、子どもの学費などを差し引き、残りがあれば、趣味娯楽費、家人や子どもたちのお小遣いにします。こうして計算した結果、支出が収入を上回る場合は、お小遣いは減らされる運命にあるわけです。

自治体の歳入としては、税収見通しを中心に、税外の収入、国庫補助金などの特定財源、決算剰余金などを見込みます。

次に、歳出の見込みです。義務的経費（対象者の自然増など）、経常経費（物価変動など）の動向、債務負担行為、継続費の計上、首長の政策経費枠の確保、投資的経費の執行状況、中期財政計画の進捗状況などから、積み上げます。

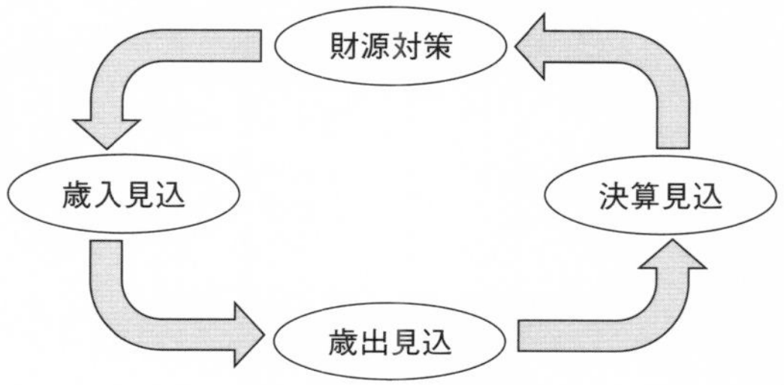

歳入歳出予算を見込む

【図表－58】予算のシミュレーションサイクル

財源対策 → 決算見込 → 歳出見込 → 歳入見込 → 財源対策

ことができると、決算を見込むことができます。財政指標が良くなるのか、悪化するのか、起債可能額を超えていないか、中長期にわたる見通しが可能となります。

　これで「歳入予算額≧歳出予算額」になればシミュレーションは終わりですが、財政状況次第では、歳入不足が生じ、財源対策を行います。

　財源対策には、基金による調整、起債充当額の拡大などが考えられます。また、歳出予算にシーリングを設定して歳出抑制を図ることがあります。「経常経費は昨年度の10％減」「投資的経費は昨年度の20％減」というようなものです。このシーリングを決定するため、投資的経費など一部の予算について概算要求を求める場合があります。

　こうしたサイクルを繰り返し、予算の骨格（フレーム）を決定します。

■ 予算編成方針に盛り込むこと

　役所にとっては年中行事である予算編成も、首長にとっては自身の政策を実現する最大の機会です。予算なくして政策は実現できませんから、何を重点にするのか、ここで明確にしなければなりません。

　財政部門は事業部門に予算の骨格と、その裏付けとなるデータを示し、予算要求のルールを説明します。裏付けがないと事業部門の納得は得られにくく、ルールがあいまいだと、予算査定に時間がかかることになります。

【図表－59】予算編成方針の例

1　首長の重点政策	2　予算の骨格	3　予算要求のルール
・マニフェストの達成 ・基本的な施策の方向性 ・具体的な施策 ・緊急課題	・財政を取り巻く社会経済情勢 ・国、地方財政の動向 ・わがまちの財政状況の分析 ・翌年度の財政見通し ・予算編成の基本的考え方 ・行政改革の推進 ・特別会計	・シーリングの有無 ・経費別の見積り方針 ・標準単価などの設定 ・予算編成スケジュール

3 予算要求

ここがポイント

- 事業部門の熱意を伝える「要求のうらに努力あり」
- 既定経費、政策経費、予算要求のチェックポイントを理解しよう
- 行政コストと効果を意識して行政改革に取り組む

要求なきところに査定なし、要求のうらに努力あり

　従来の財政部門による査定方式では、事業部門へのヒアリングは初期の段階に限られています。したがって、財政部門の担当者をどれだけ納得させられるかが予算獲得の鍵となります。特に、新規事業や臨時事業については、財政部門内部の議論に耐えられる説明と資料が必要です。

　「要求なきところに査定なし」とは、事業部門の熱意が感じられないようでは、とても予算など付けられませんよ、という財政部門の気持ちを表現したものです。それは同時に、予算を付けると査定したからには、事業部門に代って、私（財政部門の担当者）が、唯一の予算編成権者である首長に掛け合いますよ、という決意の表れでもあるのです。

【図表－60】既定経費と政策経費の両立のポイント

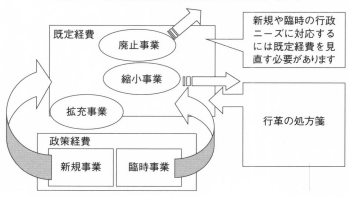

112

◆既定経費のチェックポイント

- ・事業の意義、目的、目標が現在の状況に合致しているか
- ・廃止、縮小できない理由があるか
- ・民間や他のセクターで実施できないか
- ・事業実績（決算）とその効果の検証は十分か
- ・前年度から増減があればその理由は間違いないか
- ・さらに効率的な事業執行はできないか

◆政策経費要求のポイント

- ・事業の意義、目的、目標を明確にする
- ・重点施策、他の計画、関係施策との整合性を明らかにする
- ・他の自治体で同様の事業があれば、その状況を説明する
- ・民間や他のセクターでは実施できないことを明らかにする
- ・事業費の積み上げを正確に算出する
- ・職員数の増、人件費、間接費の増加を明らかにする
- ・次年度以降の財政負担を明らかにする
- ・複数の実施方法と比較し、最善策であることを説明する
- ・事業の見直し時期を明らかにする（サンセット方式）
- ・新規拡充するために廃止縮小した事業があれば列挙する

▮ 行革の処方箋

　既定経費を圧縮するため一律カットが横行した時代もありました。しかし、現在では自治体経営の理念に立った新しい手法が開発されています。行政評価、事業仕分けなど全庁的に取り組むシステムの他、指定管理者や民間委託、PFI や PPP（官民によるパートナーシップ事業）の活用、市場化テストなど個別の事業に導入できるものもあります。行政コストと効果を意識した仕組みの導入が行政改革の処方箋です。

　行革（行政改革）のヒントについては第7章で詳しく説明します。

4 予算査定

ここがポイント

・予算査定のチェックポイントを理解しよう
・教育予算の編成は教育委員会の意見を聞いてから
・国の予算、地方財政計画は「内かん」に注意を払う

査定のチェックポイント

　事業課が提出した見積書に基づいて財政課が調査し、首長の査定を受けるまでの調整作業を予算査定といいます。予算査定は、財政課の担当者、財政課長、財政担当の部長、そして首長査定というように段階的に実施されます。事業課とのヒアリングは原則として財政課の担当者の段階で行われ、それ以降の査定は財政部門内部で行われるのが普通です。

　査定に上下主従の関係はありません。査定は一定の情報・資料に基づいて事務事業の優先度を決めていきますが、それは事業部門と財政部門の共同作業です。これは査定の段階が財政部門の内部へ移っても同じです。財政部門の担当者が事業部門に代わって査定作業の矢面に立つのです。査定は概ね、次のような観点で行われます。

　・その事業はそもそも自治体の仕事なのかどうか
　・予算編成方針、マニフェスト、全体計画等に沿ったものかどうか
　・住民、議会からの要望はどうか
　・既存の事業が活用できないか、また、既存事業との均衡、調整はとれているか
　・職員の増加を伴うものではないか
　・将来の財政負担はどうなるのか
　・国、県補助金など、特定財源の見通しはどうか
　・受益者負担は適正か、収益事業なら採算性はどうか
　・執行方法に無理・無駄はないか、もっと効率的にできないか

◤ 教育委員会の予算を査定するには？ ─────────

　教育委員会は、教育行政の政治的中立性、安定性、継続性を確保するため、首長から独立した行政機関という位置付けになっています。

　戦後間もなく創設された教育委員会制度は、公選制、合議制の行政委員会であり、予算や条例の提案権、人事権を持っていました。しかし、政治的色合いを解消し、一般行政との調和を図るため、1956年に公選制の廃止と任命制が導入され、併せて、教育委員会による予算編成権も廃止され、現在に至っています。

　公立学校の設置者は首長であり、その運営費は自治体が負担するわけですが、首長は歳入歳出予算のうち、教育に関する事務に係る部分については、教育委員会の意見を聞いて予算編成を行うことになっています。

　この教育委員会制度をめぐっては国、自治体の間でさまざまな議論がありましたが、2015年4月、改正地方教育行政法が施行されました。これにより従来の教育長と教育委員長を統合した新教育長を創設し、首長が議会の同意を得たうえで直接任免したり、首長が主宰する「総合教育会議」を設置し、教育行政の基本方針を決定したりするなど、首長の権限が強化されました。

◤ 地方財政計画との整合性をはかる ─────────

　こうして予算査定も佳境に入った12月下旬には、国の予算案とともに地方財政計画が発表されます。自治体の予算に大きな影響を与える地方交付税や公共事業費、それに伴う起債の発行額などについては、できるだけ予算に反映させなければなりません。発表されるタイミングによっては見切り発車することもありますが、遅れた場合に備えて、国の予算案や地方財政計画の内容などが「内かん」される、つまり、国から「ここだけの話ですが、こうなる見込みです」という情報が流されることがあります。

　自治体はこうした情報を基に、最終的な予算案を確定し、議会に提案します。

5 内示、復活、公表への道筋

ここがポイント

- 復活要求を使って、認められなかった予算を再度、査定の場に戻す
- 議会（政党）からの復活要求を受ける自治体がある
- 予算の公表、財政状況の公表を通じて、住民の意識と理解を深める

首長査定後の復活要求

　首長査定の結果は財政課を通じて事業部門へ通知されます。これを予算内示といいます。内示は予算を決定する前に間違えがないか確認するための行為ですが、自治体によっては異議や、修正（復活要求）を認めることがあります。その場合は、再査定という手順を踏んだあと予算は完成しますが、財政課は復活のための財源をあらかじめ用意しておかなければなりません。

　この復活要求は、予算提案権を専属的に持つ首長の査定が終わっているという点で、財政部門と事業部門との間で事務的に行われる修正要求とは趣を異にするものです。また、予算案を議会に示した後、各政党からの復活要求を受ける自治体もあります。

予算査定段階での復活要求

　首長査定の前、予算査定の各段階における査定情報を事業部門に流し、異議を受け付ける自治体があります。この財政部門と事業部門との間で事務的に行われる情報提供と修正要求を、それぞれ内示、復活要求と呼ぶことがあります。

予算案の公表

　当初予算案の発表は1月から2月の一時期に集中します。住民や報道機関に自治体の仕事をPRする最大のチャンスでもありますから、疎かにすることはできません。自治体の多くは、予算案発表の期日を決め、

報道機関を集めて首長自ら説明する機会を設けています。

　予算案については、概ね、次のような項目を公表します。

　　・予算編成の考え方

　　・予算総額、増減と理由

　　・予算の特徴

　　・予算の分析

　　・財源対策

　　・主な事業の概要

　　・財政構造の分析

　　・財政見通し

　　・行政改革の状況

■ 予算と財政状況の公表

　地方自治法は自治体に対し、議決され成立した予算の公表（予算要領の公表）とともに財政状況の公表を義務付けています。このうち、財政状況については、条例の定めるところにより、次の項目を毎年２回以上、公表することになっています。

　　・歳入歳出予算の執行状況

　　・財産、地方債及び一時借入金の現在高

　　・その他財政に関する事項

　その他財政に関する事項としては、住民負担（税等）の状況、公営事業の経理状況などがあり、「その他首長が必要と認める事項」という項目を加えて条例化している自治体が多く、公表時期は上半期、下半期の二度とするのが一般的です。

■ 「民は由らしむべし、知らしむべからず」

　自治体の予算や財政状況をもっとよく知ってもらおうと、住民説明会を開催するところがあります。「民は由らしむべし」住民を従わせることはできても、「知らしむべからず」理解させることは難しい。しかし、私たちはその努力を怠ってはならないのです。

6 議会審議

▰ 予算の提出

　予算の提出権、提案権は首長に専属するものであって、議員には予算の提案権はありません。これは内閣と国会との関係と同じで、国の予算の提出権は内閣に専属します。

▰ 地方公営企業の予算

　首長は地方公営企業の管理者が作成した原案に基づいて予算を調整し、年度開始前に議決を経なければなりません。

▰ 予算（特別）委員会

　予算が首長から提出されると、議長は本会議に上程し審議を開始します。その後、補正予算も含め、一般的には常任委員会へ付託、審議の後、本会議で採決されるのが普通ですが、当初予算については、特に集中して審議するために特別委員会を設けることがあります。

▰ 予算の修正

　予算の議決には原案どおり決定する原案可決と、修正議決、否決があります。原案の一部を、削減する減額修正は議会本来の権能ですが、増額修正は首長の予算提案権を侵さない範囲で限定的に認められるものです。その範囲については明確な基準はなく、首長と議会との間で調整を行うことになっています。

■ 予算の再議

　予算の再議とは、首長が議会の議決に異議を有する場合の首長の拒否権として設けられたもので、次のようなケースがあります。

① （予算の議決に限らず）議会の議決が議会の権限を超え、または法令に違反する場合、首長はこれを再議に付さなければなりません（義務的再議）。それでもなお同じ議決がなされた場合、都道府県知事は総務大臣に、市町村長は都道府県知事に審査請求の申立てをし、それでも不服のあるときは、裁判所に出訴することができます。法令の解釈が必要だからです。

② 義務的経費について削除、減額された場合、再議に付さなければなりません（義務的再議）。それでもなお同じ議決がなされた場合、議決は確定しますが、首長は削除、減額された経費と収入を予算に計上して執行することができます（原案執行権）。法令により負担する経費、債務の確定している経費を速やかに執行する必要があるからです。

③ 災害復旧や感染症予防のために必要な経費が削除、減額された場合、再議に付さなければなりません（義務的再議）。それでもなお同じ議決がなされた場合、議決は確定しますが、首長はこれを「首長の不信任の議決」とみなし、10日以内に議会を解散することができます。緊急、重大な予算を執行することができない以上、首長と議会との関係を修復するには住民にその信を問うしかないからです。

④ （予算の議決に限らず）上記以外で、議会の議決について異議があるとき、首長は議決の送付を受けた日から10日以内に、理由を付して再議に付すことができます（任意的再議）。再議の結果、条例の制定、改廃、予算に関するものは出席議員の2/3以上、それ以外は過半数の同意で同じ議決がなされた場合、議決は確定します。

■ 予算案が否決された場合

　予算が年度開始までに成立する見込みがないとき、義務経費を主とし、1～3カ月程度の期間を限定した「暫定予算」を編成します。この暫定予算についても予算の事前議決の原則が適用されます。

7 予算の執行管理

予算の配当・配付

　財政部門が財源や資金繰りなどを勘案し予算執行の限度額を示すことを予算の配当といい、事業部門は配当を受けて初めて予算を使うことができます。これに先立ち、予算成立後、首長は予算執行方針、予算配当方針を示し、事業部門はこれに基づき、予算執行計画を作成します。

　事業部門は出先機関に予算を執行させる必要のあるとき、配当された予算額を限度に予算を配付します。

予算の執行委任

　施設建設を専門家のいる営繕部門に任せるなど、事業によっては他の事業部門に予算の執行を委任したほうが合理的、効率的な場合があります。

予算の流用

　予算の流用とは、歳出予算の各科目の金額を融通し合うことです。議決科目である款・項の間の流用は禁止され、予算で定めた場合にのみ、各項の経費の金額を流用することができます。

　また、款・項の下の執行科目である各目、各節の相互の流用は、首長の承認を得て、実務的には財政部門と協議のうえで、流用することが認められています。もちろん、軽易な流用については事業部門に権限移譲するなどの措置がとられるのが普通です。

▰ 予備費の充当

　予備費は、年度途中で予算が必要になったが、補正予算を編成する時間の余裕がなく、避けられない支出、予算外の支出、予算超過の支出に充てられます。しかし、議会の否決した経費に充てることはできません。

　一般会計には必ず予備費を計上しなくてはなりません。

　予備費は財務部門が一括管理し、事業部門の請求に応じ充当します。

▰ 予算科目の新設

　歳入予算は収入の見積もりにすぎないので、首長は必要に応じて科目を新設することが可能です。歳出予算は款・項が議決科目であるため、これを新設する場合には予算の補正が必要です。

▰ 支出負担行為

　支出の原因となる契約、決定などを支出負担行為といいます。事業部門は予算の（配当の）範囲内で支出負担行為を行い、これに基づいて会計管理者に支出命令を行います。会計管理者は、支出負担行為が法令や予算に反していないこと、債務が確定していることを確認しなければ、支出することができません。

▰ 歳入調定

　収入の原因を確定させる行為を歳入調定といいます。納めなければならない人、納める理由、納める金額、納期限等を確定し、納入の通知を発します。

　調定した歳入が年度内に納入されない場合は、収入未済額として翌年度に繰り越します。時効の完成や権利の放棄などで徴収権が消滅したものについては、これを繰り越さず、不能欠損処分することができます。

　歳入調定の仕事の多くは事業部門が行い、納入された現金の管理は会計管理者が行いますが、仮に歳入予算で見積もった収入が入らなければ、赤字決算の危険があります。このとき、多くの事業部門は歳出予算しか見ていないので、財政部門の定期的なチェックが必要なのです。

8 決 算

ここがポイント

- 議会で認定されなくても効力に影響を及ぼさない決算
- 赤字でなければいい決算から、行政評価で成果が見える決算にする
- 企業会計（公会計）の導入によってフルコストが見える決算にする

決算の調整者

自治体の決算は会計管理者が、出納閉鎖後3ヶ月以内（8月31日まで）に調整して首長に提出します。地方公営企業の決算は、毎事業年度終了後2ヵ月以内（5月31日まで）に管理者が調整し、首長に提出します。首長は監査委員の意見を付けたうえで、議会の認定に付します。

この決算の認定は予算の議決と異なり、仮に議会が認定しない場合でも決算の効力に影響を及ぼすものではありませんが、政治的、道義的責任を問われることになります。

決算はなぜ軽く見られるのか

予算は議決を要しますが、決算は議会の認定という確認行為にすぎません。家庭では、家計簿で金銭の出入りがきちんと管理され、赤字が出なければ家人は誰も文句を言わないでしょう。同様に、自治体予算の執行にはさまざまな統制力が働いており、その結果に問題が発生することは稀です。そこで、予算の執行率ばかりを問題にしていた時代もありました。使い切り予算は役所の都合だけではなかったのです。

企業の目標は利益（業績）を上げることです。ですから、企業の決算は、出資者や今後の出資を目論む人に業績を説明するためにあります。

一方、自治体の目標は、これまで「住民福祉の増進」といったあいまいなもので、予算は「税の配分」を決めるものでした。ですから、自治体決算は、予算が配分したとおりに、間違いなく執行されたかどうかを住民に説明できればよかったのです。

しかし現在、行政評価の導入によって、自治体の目標は、複数の成果指標に分解され、目に見えるようになりました。自治体決算がこれまでと同じではいけません。

◢ 自治体決算に足りないもの ─────────────

　図表−61に自治体と企業との「決算」の違いをまとめてみました。

　企業との一番の違いは「コスト」が見えないことです。例えば、建物などの固定資産の減価償却費、職員の退職金を含めた人件費など全ての経費はわからず、いわゆるフルコストを知ることができません。

　また、自治体の決算は各会計ごとに決算されるので、本当に負債があるのか、ないのか、それがどれくらいなのか、全体像を把握することが困難です。このため、自治体決算についても企業会計による財務書類を作成することになりました。

　しかし、企業が企業の利益を拡大するという目標を持っているように、自治体の目標が明確でないと、決算は単なる数字の羅列に終わり、目標に近づく手段としての予算に結びつかない、連動しないという結果に終わってしまうのです。

　行政評価は、この自治体の目標を明確にする手段ですが、これを予算に連動させるには、企業の利益に代る具体的な指標の設定が不可欠です（第7章の3参照）。

【図表−61】自治体と企業の決算の違い

	自　治　体	企　　業
決算の目的	予算執行に間違いのないことを住民に説明するため	業績と財務状況を出資者や出資予定者に説明するため
会計基準	現金主義	発生主義
決算書類	歳入歳出決算書 歳入歳出決算事項別明細書 主要な施策の成果を説明する書類 実質収支に関する調書 財産に関する調書	貸借対照表 損益計算書 営業報告書 利益処分案（損失処理案） 附属明細書

COLUMN
虎の子渡し

予算発表時の、ある首長の発言です。

「税収の好転がこの先も期待しにくい中で、財政基盤の強化に力を入れました。行政改革を進め、新たな公会計制度も活用しながら、無駄を排し、施策の効率性や実効性を向上させる取組みを徹底することによって、虎の子の基金残高を確保するなど、将来の備えもしっかりと講じました」

それから10年。1兆円近くあった虎の子が、底をついてニュースになりました。新型コロナウイルスと、その恐怖が世界を襲ったのです。

タイトルの「虎の子渡し」とは、中国のクイズです。

虎は3匹の子どもを産むと、最初に生まれた虎は彪になるといわれていました（事実ではありません）。母親が目を離すと彪は他の虎の子を食べてしまいます。母虎と3匹の子どもが川にやってきました。子どもは、ひとりで川を渡ることができず、母虎は1回に子ども1匹しか川を渡すことができません。母虎が虎の子を運んでいる間に、彪と虎の子をふたりにしてしまうと、彪は虎の子を食べてしまいます。

さて、母虎は、どうやって3匹の子どもを無事に渡らせることができたのでしょう（3分で答えられたら小3レベル）。

この問題を解く鍵は、クリティカルシンキングです。3匹の子どもと母親の行き来の仕方を何パターンも考えます。同様に、虎の子の「財政調整基金」も、ただ積んだり取り崩したりするだけでなく、出したり入れたり、充当したり繰り戻したりして、予算や決算をコントロールするために使っています。それは、まさに「虎の子渡し」です。

以前、政府は自治体の基金残高が増えていることに着目し、これを地方財政計画に反映しようとして自治体の猛反発を受けたことがあります。不断の行財政改革による努力によって貯めた虎の子を、国は虎視眈々とねらっているのです。ご注意ください。

第 **6** 章

知っておきたい
予算の問題点

1 人口減少社会における財政運営の難しさ

ここがポイント

- 高齢化率 38 ％、後期高齢者が 25 ％占める 2050 年の社会に備える
- 人口減少は国ではなく地方（自治体）から進んでいる
- 一人ひとりが高い付加価値を生み出す「知恵の時代」へ向かう

◢ 本格的な人口減少社会に突入した日本

　1970 年に 1 億人を超えて以降増え続けた日本の人口は、2008 年の 1 億 2,800 万人をピークに減少し、2055 年には 1 億人を割ると推定されています。

　「なーんだ、50 年前に戻るだけか」。いいえ、人口構造がまるで違います。図表－62 のとおり、50 年前に比べ 65 歳以上の高齢者は 5 倍に増え、14 歳以下の子どもは 4 割減少しました。2055 年には高齢化率は現在から 10 ％増え、中でも 75 歳以上の後期高齢者が人口の 25 ％を占めるようになり、高齢者の増加は、年金などの所得保障、医療、介護など福祉需要の増加をもたらします。

◢ すでに進んでいる生産年齢人口の減少

　この高齢社会を支える 15 ～ 64 歳の生産年齢人口はすでにピークを迎

【図表－62】日本の人口構造の推移

年	人　口　（万人）					構成比　（％）			
	総　数	0～14歳	15～64歳	65歳以上	（再掲）75歳以上	0～14歳	15～64歳	65歳以上	（再掲）75歳以上
1970	10,467	2,515	7,212	740	224	24.0	68.9	7.1	2.1
1990	12,361	2,249	8,590	1,489	597	18.2	69.5	12.0	4.8
2010	12,806	1,680	8,103	2,924	1,407	13.1	63.3	22.8	11.0
2020	12,615	1,503	7,509	3,602	1,860	11.9	59.5	28.6	14.7
2055	9,744	1,012	5,028	3,704	2,446	10.4	51.6	38.0	25.1
2065	8,808	898	4,529	3,381	2,248	10.2	51.4	38.4	25.5

※総数は年齢不詳を含む
※構成比は四捨五入の関係で足し合わせても100.0 ％にならない場合がある

え減少を続けており、35年後には3割減少、45年後には4割減少します。人口の減少がそのまま就労者の減少ということになれば、日本全体の生産力は低下し、税収の減少は避けられません。

政府や自治体の経営には一定の税収と、それを稼ぎ出す一定の生産力が必要です。そのためには、就労者1人当たりの生産性の向上を図る他、女性や高齢者、障がい者などの就労を促す政策、そのための子育て支援や、バリアフリー化など労働環境の整備が不可欠です。

◤ 自治体で進む人口減少

「人口減少は日本全体の問題なのだから、そういった政策は国がやればいい」。国と自治体の役割分担でいえばそのとおりです。しかし、人口減少社会は国よりも先に自治体にやってきています。

先の国勢調査で全国の8割の市町村で人口が減少し、一方で、大都市への人口集中が顕著であったことがわかりました。

人口の増減や、年齢構成などの変化によって、自治体に求められる政策・施策はまちまちです。自治体は国の下請け産業ではありません。今こそ、自ら考え、自ら行動する自治体が求められているのです。

◤ 知恵の時代

人口増加社会では、GDPの拡大が不可欠でした（食べるために働く必要があったわけです）。しかし、人口減少社会においては、成長ゼロでも人口減少分だけ1人当たりのGDPは増加します。人口減少で人口密度が低下すれば、1人当たりの社会資本は増加し、住宅、土地問題や交通渋滞の緩和も期待でき、環境への負荷も軽減されます。このように、人口減少社会は決して悪いことばかりではありません。

しかし、これはゼロ成長が前提であって、人口減少による労働力の低下、内需の縮小などによってGDPが低下する局面では、決して安閑としていられません。少ない労働力で生産を維持するため、労働生産性を向上させ、高い付加価値を生み出す必要があるのです。

これが、21世紀が「知恵の時代」といわれる由縁です。

2 進むインフラの老朽化と対応の遅れ

ここがポイント

- 高度成長期に整備したインフラ（含む公共施設）が一斉に老朽化
- 利用できない橋を遺すのではなく、利用する橋を維持する
- 公共施設の選択と集中、複合化、長寿命化がカギ

生活に欠かせないインフラ（含む公共施設）と自治体の役割

インフラとは、産業や生活の基盤として整備される施設のことです。

産業を支えるインフラとしては、道路、鉄道、上下水道、港湾、ダム、送電網、通信網などが、生活を支える基盤としては、学校、病院、公園、公営住宅などがあります。インフラの中には自治体が建造してきたものが数多くあります。住民の生活に欠かせないこうしたインフラの整備と維持管理が、自治体の果たすべき重要な役割だからです。

膨張するインフラの維持更新費用

2012年12月に発生した中央自動車道笹子トンネルの事故では、ずさんな点検が問題となりましたが、同時にそれは高度経済成長期に造られたインフラの老朽化問題を象徴する事件でした。事件以降、道路法が改正され、全ての橋とトンネルで5年に1度の点検が義務化されましたが、その後もインフラの老朽化は進み、建設後50年超えのインフラは、2040年には約75％に達する見込みです。首都圏を走る総延長380kmの首都高速道路の建て替えや大規模修繕などにかかる経費は1兆2,300億円と試算され、現行の通行料金だけではとても賄い切れないことが明らかになりました。しかし、これは、氷山の一角にすぎません。

「国土交通省所管分野における社会資本の将来の維持管理・更新費の推計」（2018年11月）によると、国土交通省が管轄するインフラの事後保全のための維持管理・更新費は5.2兆円（2018年度）でしたが、30年後の2048年度には最大で12.3兆円、約2.4倍もの経費が必要になる

と試算されています。12.3 兆円という金額は、国土交通省の年間予算規模 7.8 兆円（2021 年度）の 1.5 倍に相当し、これには空港や鉄道、住宅などの経費は含まれていません。

ただし、これは事後保全（壊れてから直す）を前提にした計算で、壊れる前に直す予防保全へ切り替えれば、2048 年度に必要な費用は 6.5 兆円にまで半減すると見られています。

このような長寿化に加え、選択と集中、複合化などを行いながら、公共施設の在り方をさぐることが、重要になってきます。

◢ インフラの維持管理が先送りされている現状 ─────────

一方、総務省は「公共施設及びインフラ資産の将来の更新費用の比較分析に関する調査結果」（2012 年 4 月）をまとめています。これによると、市町村が今後 40 年間で必要とするインフラの更新費用は年間約 8 兆円で、住民 1 人当たりにすると年間約 6 万 4 千円になります。さらに問題なのは、これを自治体の規模別でみると、人口 250 万人以上の自治体では約 4 万円なのに対し、人口 1 万人以下の自治体では 23 万 8 千円と 6 倍近い金額になり、その負担の格差が大きいことです。

自治体の経費は大きく性質別に、義務的経費、投資的経費、その他行政経費の 3 つに分類されています。道路や橋りょうなどのインフラには本来、整備費、維持補修費、更新（再建）のための費用がかかります。しかし、自治体ではこの費用が投資的経費に分類されるのです。人件費、扶助費、公債費・義務的経費・その他の行政経費の予算は「切りにくい」のですが、投資的経費は切りやすく、先送りしやすい経費です。

あなたがマンションに住み続けるなら、所有者であるあなたは管理組合の定めた共益費を支払う義務があります。共益費の中にはマンションの維持管理に必要な費用が含まれているからです。そのうえに、生きていくために必要な、食費、光熱水費、医療費などの経費があります。ここまでが家計における義務的経費です。

その共益費を後回しにしてしまったら、あなたは耐震工事が施されていないマンションに、住み続けることになってしまうのです。

ここがポイント

- 施設建設も手当支給もキャッチアップな「自治体間競争」
- スクラップ＆ビルドが進まない、それならビルド＆スクラップだ！
- 全国の自治体が知恵を出し合えば、解決の糸口は必ず見つかる

隣の芝生は……

　財政力の強い、お隣りのA市がスポーツセンターを造りました。

　「A市にあって、どうして私の住むB市にないの？」という市民の声に押され、財政力の弱いB市も頑張ってスポーツセンターを造ります。

　同様にA市が○○手当の支給を開始しました。

　「A市でもらえるのに、私の住むB市でもらえないのは不公平だ！」という市民の声で、B市も○○手当を支給することになりました。

　このように、B市の財政力とは無関係に施設ができ、手当が支給されます。これを「自治体間競争」と呼ぶことがありますが、財源の見通しのない歳出の増加が財政破たんを招くのは明らかです。

　施設ができれば、その維持管理に必要な人件費、事業費、修繕費が毎年必要です。○○手当は将来にわたって、廃止するまで支給し続けなければなりません。施設も手当もつくるのは簡単ですが、一度つくった施設や手当をなくすには、つくったときの何倍、何十倍もの時間と労力をかけて、議会や市民、受益者の理解を得なくてはなりません。そして、ほとんどの場合、施設も手当もなくすことはできないのです。

ビルド＆スクラップで事業を見直す

　自治体の予算は単年度で「歳入＝歳出」にすることが求められています。したがって、新しい事業を始めるには、新たに財源を求めるか、既存の事業のどれかを廃止するか削ってつじつまを合わせなくてはなりません。これを「スクラップ＆ビルド」と呼び、予算編成の基本原則とさ

れてきました。

　しかし、実際には前述の通り自治体間競争によって「ビルド＆ビルド」が進み、財政の悪化を招くケースがほとんどです。これは、高度経済成長が終わった後もバブル経済が終わった後も、経済対策という名目で続けられてきました。そこで、「ビルド＆スクラップ」の薦めです。

　スクラップから始めると、事業を止めるまでの間に前向きなエネルギーを使い果たしてしまう恐れがあります。エネルギーが無ければ改革は進みません。ビルド＝創造と生産からスタートしてみましょう。

　新しい事業を動かすためにエネルギーを使い、モチベーションを高めたうえでスクラップに当たるのです。

■ 今は自治体連携の時代

　「B市にはスポーツセンターはないけど、音楽ホールがある」

　「A市には音楽ホールはないけど、スポーツセンターはある」

　こうしたとき、A市とB市で相互に利用し合えば、両市は２つの施設を造らずに済み、施設の利用率は上がり、利用者１人当たりのコストを下げることができます。

　こうした共同化によって効率化が図れるのは施設サービスだけではありません。すでに、し尿・ごみ処理や消防、コンピュータの相互運用など、共同化の例はたくさんあります。自治体の自律とは、なんでもかんでも自前でやり遂げること、ではありません。

■ 何を競争するのか、しっかり考える

　現在の住民が「この町に住み続けたい」と感じなくて、他の住民や将来の住民に「あの町に住んでみたい」と思わせることは不可能です。そのための政策を競い合うことが本当の意味の自治体間競争です。

　良いところは学び、悪いところは反面教師にしましょう。自治体には約1,700ものお手本があるのですから、これを活用しない手はありません。もし、あなたがこれまでにない画期的な政策や施策、アイデアを思いついたら、そのときは出し惜しみせず、全国の自治体に分けてください。

4 増え続ける医療費

ここがポイント

- 医療費の増加は、高齢者数の増加×医療費単価の増加が原因
- 後期高齢者（高額所得者）の自己負担が1割→2割（2022年10月〜）
- 国民健康保険が市町村単位から都道府県単位に移行（2018年度〜）

■ 高齢化と医療の高度化が進んでいる

　2019年度の国民医療費は前年度比2.2％増加し過去最高の44兆4千億円になりました。図表−63で明らかなように、最近20年間、国民所得は伸びていないにもかかわらず、医療費は1.5倍にまで膨らむ勢いです。この原因は高齢者の増加と、医療技術の進歩にあります。

　1人当たりの医療費を比べると、70歳未満は年間約21万円ですが、70歳以上ではその4倍、年間91万円を超える医療費がかかっています。医療費総額では47.1％が70歳以上の高齢者にかかる医療費です。

　近年、医療技術の進歩により、新しい治療や新薬が出てきました。治療効果が高い半面、これが医療費の単価を押し上げているのです。また、高血圧、糖尿病などの生活習慣病で、長期間の治療を必要とする患者も増加しています。政府の試算では、今後も国民医療費は増加を続

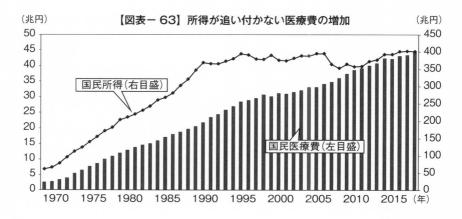

【図表−63】所得が追い付かない医療費の増加

け、2025年度には56兆円、2030年度には63兆円に達する見通しです。

　これに対し、厚生労働省は入院日数の短縮や安い後発医薬品の使用促進策を打ち出していますが、医療費抑制には結びついていません。

■ 自治体負担が増加している

　国民皆保険制度を実現するために、被用者保険（健康保険）、共済組合、後期高齢者医療制度、生活保護制度などがあり、これらに加入していないすべての国民は国民健康保険に加入すると定められています。

　医療費の財源は自治体負担の増加が顕著です。後期高齢者医療制度における負担（給付費の5割を国4、都道府県1、市町村1の割合で負担）の増加と、自治体が実施主体の国民健康保険の財政悪化が原因です。

　国民健康保険は事業主負担の保険料がない上に被保険者の年齢構成が高く利用者の医療費が増え続けています。利用者に低所得者層が多く保険料の負担が重いなどの理由から、市町村では財政運営が不安定になりました。そのため給付費の50%を保険料で負担し、残りの50%を国や都道府県からの補助金などで賄うことが基本になっています。しかし、多くの自治体の国民健康保険会計は赤字で、一般会計から財源の補てんをせざるを得ず、市町村の財政運営に大きな影響を及ぼしました。そこで、財政の安定化と医療費の適正化を目的に、2018年度から財政運営の主体が市町村から都道府県になりました。

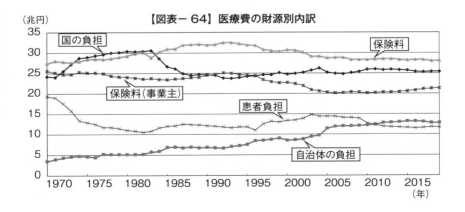

【図表－64】医療費の財源別内訳

5 増え続ける生活保護費

ここがポイント

・高齢者だけじゃない、稼働年齢層の受給者増が課題になっている
・医療費や生活保護費（保護費の半分は医療費）は抑えられない経費
・国と自治体は財源の分担ではなく政策レベルの役割を分担すべき

財政負担の肩代わり「生活保護制度」

　生活保護受給者が戦後の混乱期から半世紀ぶりに 200 万人を突破しました（2011 年）。これまで、生活保護制度は無年金か、年金だけでは生活できない高齢者の最後の砦になっていました。年齢別に生活保護受給者を見ても 65 歳以上の高齢者の伸びが大きく、全体の 5 割を超える状況になっています。しかし、2008 年秋のリーマンショック後は稼働年齢層が受給するケースが増え、高齢世帯、母子世帯、傷病・障害者世帯を除く「その他世帯」（稼働年齢層と考えられる世帯）が、わずか 2 年間で 11 万世帯から 22 万世帯に倍増しました。

　そこで、2018 年、生活困窮者自立支援法が制定され、生活困窮者に対する包括的な支援体制の強化、生活保護世帯の子どもの大学進学の支援、生活習慣病の予防等の取組みの強化、医療扶助の適正化などの措置

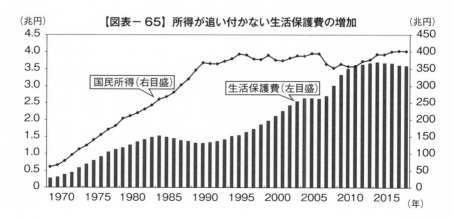

【図表－65】所得が追い付かない生活保護費の増加

を講ずることになったのです。

◤ 医療費や生活保護費の予算編成は優先されている ──────

　通常の経費の場合、予算は歳出予算額を上限として執行されるので、収支の均衡を図ることは容易です。しかし、医療費や生活保護費に代表される扶助費は、財源が手当てできないからといって、支出を抑えることは容易ではありません。先送りできない経費であり、経費の分類では義務的経費とされ、事実上、投資的経費より優先されています。

◤ 一気通貫の政策が求められている ──────

　問題なのは、医療制度でも、生活保護制度でも、自治体にそれを制御する権限も仕組みもないにもかかわらず、一方で、与えられた制度に沿って自治体の財源を機械的に投じなければならないことです。

　例えば、安価な後発医薬品（ジェネリック医薬品）の使用促進策を進めるにしても、その効果は医療費全体の抑制につながるはずですが、自治体への見返りは自治体が負担している医療費の一部にすぎず、自治体自ら促進しようというインセンティブとしては強く働きません。

　同様に、自治体で行う定期健診や予防接種は、病気の予防、早期発見、治療に有効であり、医療費の低減に大きく貢献するはずです。しかし、ここでもインセンティブが強く働かないことから、検診率も予防接種率も思ったほど向上しません。

　「医療費の低減効果を予想し、これに投ずる財源を検診や予防接種の費用に充てることができたら、住民を病と医療費の負担から解放することができるのではないか」。政策や施策と財政負担とを総合的に制御できれば、こうしたことも考えられるでしょう。

　国や自治体は単なる財源の分担ではなく、まさに政策レベルでの役割分担をすべきなのです。

6 補助金という誘惑

ここがポイント

- 国の補助金があるとコスパは上がるが、有効かどうかは別問題
- サービスの主体と対価である「税」の支払先を一致させる
- 自治体が国の下請けなら、国が直接、アウトソーシングして間接費を省く

■ 使わないと損した気分になる補助金

新たな事業を開始するきっかけのひとつに「補助金」があります。補助金が新たな財源となるわけですから、財政負担も軽くて済みます。

あれもこれも、やりたいことがあるが財源がない。

そういうときに見せられる国の補助メニューはあまい誘惑です。優先度を決めるにも、事業の内容ではなく、「補助金が付いてくるならお得」ということになりがちです。

反対に自治体側から国に財政支援をお願いすることもたびたびあります。新しい事業、大規模な事業では「補助金」がなければ動き出せない事情は「地方分権」時代に入ったとはいえ、あまり変わっていません。

こうして、国は自ら考えた施策を誘導するわけです。

しかし、補助金といっても全額補助されることは稀で、1/2、1/3、残

【図表－66】国と自治体の「タテ」の関係

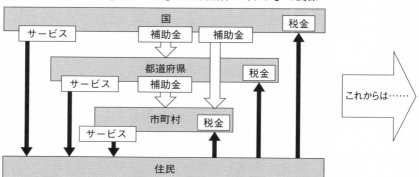

りは自治体でという補助が普通です。しかも地域特性が考えられていないから画一的で使いづらい。さらに、補助金による事業は自治体自らが必要性を考えてつくったものではなく、やっつけ仕事になりがちで本腰が入りません。それでも国庫補助金が存続する限り止めることはできないのです。

いいえ、仮に国庫補助金が打ち切られたとしても、その事業の実施で恩恵を被っている関係者から「やめないで」の連呼。仕方なく継続することになるのです。

国の補助金の安易な利用は、ビルド＆ビルドを助長するだけです。

◢ 国と自治体は対等のサービス実施機関

地方分権改革とは、国と自治体が対等の関係で住民サービスを提供することです。現在は、国と自治体は共同して住民サービスを実施していますが、今後は、それぞれが主体的、自律的に地方分権の名にふさわしいサービスを展開しなければなりません。

サービスの対価として支払われる料金（税）についても、それぞれの主体がそれぞれ実施するサービスに必要な税を徴収すべきです。図表－67 のように、サービスと税が一致しているのが理想です。

自治体が国からの下請け仕事をアウトソーシング（孫請け）にしているなら、国が直接アウトソーシング（委託）すれば間接費を省けます。

【図表－67】国と自治体の「ヨコ」の関係

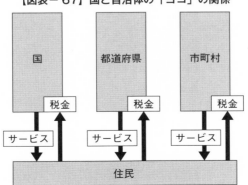

- 特別会計、一組、公営企業、三セク、目の行き届かない数ある法人
- 法人・公営事業の数は約2万、自治体の数の10倍以上に上る
- 厳しい財政状況下で資産、負債、剰余金、積立金などをあぶりだす

特別会計改革

「母屋ではお粥を食ってケチケチ節約しているのに、離れ座敷では子どもがすき焼きを食っている」とは2003年当時の財務大臣の弁。母屋は一般会計、離れ座敷は特別会計のことです。国の場合、特別会計の規模は一般会計の4倍、「母屋では……」の発言は、その流れが不透明であり、チェック機能が十分機能していないことを揶揄したものです。

自治体の場合、料金収入を主な財源とする公営事業以外で特定の財源をもって特別会計を設けるようなケースは多くはありません。それでも

【図表－68】一部事務組合・地方公営事業の数と財政規模

2020 年度年決算		数	額（億円）
一部事務組合		1,279	20,729
地方公営事業	地方公営企業 水道事業	1,794	40,268
	交通事業	85	8,956
	病院事業	683	59,712
	下水道事業	3,606	55,517
	その他事業	1,997	16,298
	小計	8,165	180,751
	収益事業	147	44,707
	国民健康保険事業	1,743	234,357
	後期高齢者医療事業	47	176,195
	介護保険事業	1,571	112,731
	農業共済事業	5	22
	交通災害共済事業	58	34
	公立大学附属病院事業	1	30
	合計	12,424	748,826
第三セクター等	第三セクター 社団財団法人	3,106	
	会社法法人	3,355	
	小計	6,441	
	地方三公社※	688	
	地方独立行政法人	150	
	合計	7,299	

※地方三公社とは、地方住宅供給公社、地方道路公社、土地開発公社のこと。

特別会計における過大な資産、負債、剰余金、積立金などを常にチェックし債務を縮減することは、財政の透明化と健全化に寄与するのです。

◢ 一部事務組合

　一部事務組合とは、複数の自治体が行政サービスの一部を共同で行うことを目的として設置された組織です。通称、一組（いちくみ）と呼んでいます。

　2020年度末、延べ10,369市町村、1市町村当たり平均6.0もの一組に加入していることになります。その34％が、し尿・ごみ処理、21％が広域消防、15％が総務関係です。なお、一組の2020年度決算額20,729億円は市町村の普通会計歳出決算額の2.7％に相当します。

◢ 地方公営企業会計

　一部事務組合よりさらに規模の大きなものに地方公営企業会計があります。その数は8,165で、うち1,111事業が赤字に陥っています。地方公営企業では約40万人が働き、決算額は自治体の普通会計決算の23.9％にあたる18兆1千億円で、自治体の中で地方公営企業を経営していない自治体は2つだけです。さらに、地方公営企業は企業債を発行でき、2022年度末の残高は38兆7千億円となっています。

◢ 地方公営事業会計

　収益事業には、宝くじ、競馬、競輪、オートレース、競艇があり、うち13が赤字です。また、国民健康保険では469、介護保険では9、農業共済では3、交通共済事業では4の事業が赤字です（いずれも2020年度）。

◢ 第三セクター（三セク）等

　第三セクター等の総数は7,299法人で、調査対象5,938法人のうち2,443が赤字です。自治体から借金する法人は700、借入残高は3兆7億円。自治体以外から借金する法人は1,631、借入残高は5兆6千億円です（いずれも2020年度）。このように、自治体にはいくつもの会計、勘定があり、赤字を出しているものも少なくないのです。

8 臨時財政対策債（赤字地方債）のわな

ここがポイント

- 地方交付税は「国が地方に代わって徴収する地方税」である
- 財源不足は、制度改正または法定率の変更で対応するのがルール
- 臨財債の発行は自治体に歳出抑制を促すためのツールでもある

財源不足を補う折半ルール

　そもそも地方交付税は、国税5税の一定割合とされ、不足した場合は国や自治体の仕事を見直すか、この割合を見直さなければなりません。現在は「折半ルール」といって、この財源不足の半分を国が一般会計から地方交付税財源に加算し、残りの半分を臨時財政対策債（臨財債）の発行で補う仕組みがあります。2001年度から3ヵ年の臨時措置として導入されましたが、財源不足が解消されないため恒常化しています。

　発行される地方債の半分以上がこの臨財債だった時期もあり、その残高は2022年度末で54兆円、全地方債残高の1/4に上ります。

臨財債

　臨財債は地方交付税の元となる税（国税5税）の不足額の一部（およそ半分）を自治体に借金させてしのぎ、借金の返済時に、返済額全額を地方交付税として交付するという制度です。赤字地方債ともいわれます。

　国は臨財債の発行可能額を示すだけで、必ず発行しなければならないものではありません。しかし、自治体財政は厳しく、発行せざるを得ないのが実情です。また、臨財債の発行による収入は使途を限定しない経常一般財源とみなされるため、発行すれば（借金すれば）経常収支比率は見かけ上、下がり（改善）、反対に発行しなければ（借金しなければ）経常収支比率は見かけ上、上昇（悪化）します。これでは、借金を我慢して（なんとか）やりくりしようという気になれません。

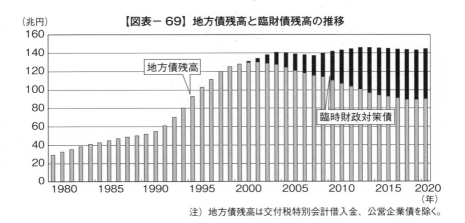

【図表−69】地方債残高と臨財債残高の推移

（兆円）

地方債残高

臨時財政対策債

注）地方債残高は交付税特別会計借入金、公営企業債を除く。

地方交付税の後払いがされない可能性もある

　普通交付税の基準財政需要額は毎年見直されますが、臨財債の返済額以外の部分が削減されれば、実質的に返済額が交付されない事態になりかねません。地方交付税制度は自治体の財源保障機能を果たすためにつくられた国の制度です。国が借金して自治体に交付すれば済むものを、わざわざ折半ルールをつくり自治体に肩代わりさせたのは、自治体に歳出抑制を促すという考えからだということを忘れてはいけません。

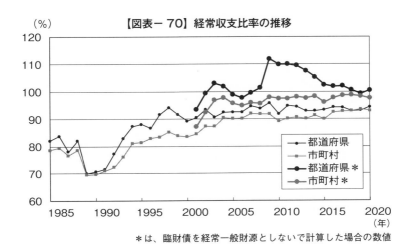

【図表−70】経常収支比率の推移

（%）

- ―●― 都道府県
- ―■― 市町村
- ―●― 都道府県＊
- ―●― 市町村＊

＊は、臨財債を経常一般財源としないで計算した場合の数値

COLUMN
米百俵

　戊辰戦争（1868～1869年）に敗れ焦土と化した長岡藩（現在の新潟県長岡市）に、支藩である三根山藩から見舞いとして米百俵が届きました。しかし藩の大参事（現在の副知事）だった小林虎三郎は、その日の食事もままならない藩士たちを説得し、米を売って学校を建てたのです。

　小林虎三郎は幕末の思想家、佐久間象山の門下生で、同じ門下生の吉田寅次郎（後の吉田松陰）とともに「象門の二虎」と称され、象山は二人のことを「国の政治を行う者は吉田であるが、わが子を託して教育してもらう者は小林のみである」と高く評価していました。

　こうして、1870年に建てられた国漢学校は藩士の子弟だけでなく、農民や町民の子弟の入学も許されました。後に明治政府の学制に組み入れられ、東京帝国大学総長の小野塚喜平次、医学博士の小金井良精、司法大臣の小原直、海軍元帥の山本五十六など、近代日本の発展に貢献した多くの人財を輩出します。小林虎三郎は、遠くを見据えていたのです。

　太平洋戦争末期の1945年8月1日、長岡市は空襲によって再び焼け野原となってしまいました。しかし、長岡の人々は米百俵の精神で復興に取り組み、予定より1年早い1953年11月、全国戦災都市のトップをきって、復興都市計画事業を完成させます。

　この大空襲から60年後の2004年10月、今度は、新潟県中越地震が長岡市を襲い、多くの市民が家を失うなどの被害を受けました。全国から義援金が届きます。しかし、多くの長岡市民は被災した青少年の奨学金に充てるため、義援金を寄付したのです。

　このように米百俵の精神は人財育成の大切さを教えたものですが、そこには「目先のことにとらわれず、明日のために行動する（予算を使う）」という思いが込められているのです。

第 7 章

自治体財政を正常化させる9つのヒント

1 住民ニーズを捉えた施策の選択と集中を行う

ここがポイント

・住民ニーズに全て応えようとすると総花的無駄遣いが発生する
・行政目的を達成するには一定の経営資源（予算・人・物）が必要
・施策の選択と集中が進むと住民意識も変化する

住民ニーズも成長社会から成熟社会へ

　図表−71は成長社会と成熟社会における公共サービスの変化を示したものです。かつて、成長社会では住民のニーズは警察消防、道路公園、学校・保育園、上下水道といった特定のサービスに集中していました。税収も堅調で、これらのサービスに予算を配分すれば、それなりの評価が得られ、住民も首長も満足できた時代でした。

　その後、都市基盤の整備が一段落すると、現状に満足できない住民が増え、それぞれの価値観に応じ多種多様な要求を上げるようになります。税収が増えていた成長時代には予算を措置することができました。

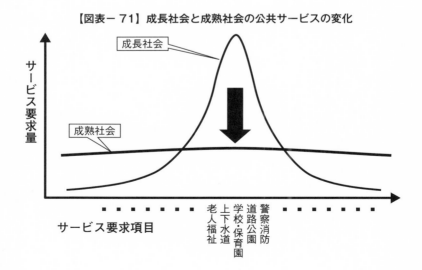

【図表−71】成長社会と成熟社会の公共サービスの変化

しかし、成熟社会の特徴である少子高齢化と低成長経済は、歳出の増加と歳入の減少をもたらします。住民ニーズに応えることができなくなれば、住民満足度は低下する一方です。

◢ 総花的無駄遣いをやめる

もちろん、薄く広く政策を打つという方法もあります。しかし、一定の行政目的を果たすには、一定の経営資源（予算・人・物）を投入する必要があります。もし、中途半端に投入して行政目的を達成することができなければ、それこそ税金の「無駄遣い」です。かえって住民の不信を増幅させることになりかねません。

いま、自治体に100の事業があって、その100すべてが中途半端で目標を達成できない「無駄遣い」だったとしましょう。そこで50の事業を廃止し、残りの50の事業に2倍の予算をかけ、50の目標を達成し50の無駄を一掃します。極端な例ですが、これが事業の選択と集中です。

◢ マニフェスト（政権公約）と行政評価

2007年の統一地方選挙を皮切りに、ローカルマニフェスト（自治体版マニフェスト）が普及しました。政権交代によってマニフェストは死語になりつつありますが、具体的な政策・施策ごとに、その実施時期、数値目標を明示し、当選後はその実現に向けて必要な予算措置を行うというマニフェストは従来の選挙公約を一新しました。

行政評価については節を改めてご紹介します（第7章の3）。

◢ 住民の意識変化を目指す

自治体による施策の選択と集中が進むと、住民の間に「廃止されてはたまらない」「役所に任せておけない」という意識が芽生えてきます。先の例で廃止した50の事業にも、これを必要としてきた人たちがいます。事業を廃止しても、住民ニーズが消えるわけではありません。そうした意識を行動に移し、自治体に代わって、これらのニーズに応えようとする市民、企業、そしてNPO等が増えています（第7章の8）。

2 現場の問題を現場の発想で解決する

ここがポイント

- 行政評価の活用で予算主義が成果主義に限りなく近づく
- 庁内分権（現場への権限移譲）で現場主義を実現する
- 行き過ぎた市場主義、顧客主義を修正する（図表－72）

■ 組織や人の目標と達成度を見える化する成果主義

　これまでの自治体運営は予算主義、予算を編成した後は間違いなく執行していくだけの「手続き主義」でした。これを改め、予算の執行が住民生活の向上にどれだけ役立っているか（成果）を基準に、予算や予算の執行方法を常に見直していくのが「成果主義」です。

　「予算主義」を「成果主義」に近づける制度に行政評価があります。行政評価は、行政サービスの成果目標を具体的に定め、一定期間ごとに、達成度を測定します。しかし、評価までで終わってしまう自治体が少なくありません。評価結果を予算や施策、あるいは組織、人事評価（勤務評定）に反映してこそ、本当の成果主義といえるのです。それは職員の仕事に「やりがい」をもたらし、組織のモチベーションを向上させます。

　また、成果を出すのに1年では短かすぎる場合があります。単年度で解決できるほど自治体の抱える課題は単純ではありません。中長期的な視点からの政策・施策の展開が不可欠であり、そのためには複数年度予算の導入を検討する必要があります（第3章の9）。

■ 現場が責任を持って機動的に動くことのできる現場主義

　自治体の抱える課題は役所の中にあるのではなく現場（地域）にあります。課題を解決する知恵も現場にあります。その現場、つまりサービスを提供している部署に権限と財源を委譲し、責任を分担させ、住民ニーズに迅速に応えていこうというのが「現場主義」です。

これまで、予算は財政課によって事前に細かく査定され管理されてきました。「現場主義」では、現場の責任者に予算の編成から執行に関する権限を与え、業績や成果など事後の評価によって管理します。現場主義を徹底するには、組織の階層を少なくし、迅速な対応を図る組織のフラット化を進めたり、成果を見えやすいよう業務単位に即した組織編成にしたりするなど工夫が必要です。また、財政課の役割も中長期的な財政見通し、部門間の調整や、財務の透明性の向上、重要な政策やプログラムの分析・検討、現場のサポートなどに変化しなくてはなりません。

　このような、成果や現場を重んじる、民間の手法を用いた経営手法をNPM（New Public Management：新公共経営）といいます。1990年代に日本の多くの自治体で導入されました。

　しかし、このNPMも評価次第では部分最適に陥る危険があります。自治体全体の目標設定、予算総額の決定や経営資源の配分、優先順位付けといった戦略的なレベルでは、分権化と集権化、ボトムアップとトップダウンを使い分ける必要があります。

【図表－72】NPM とその課題

利害関係者が多く公平性を重んじるために問題を先送りする傾向がある

経営資源の一元的な管理、効率的な運用が難しい

人事評価制度と結びついていないため職員の理解が進まない

現場主義
◆サービスを提供している現場に、権限と財源を委譲し、住民ニーズに機動的に応えます。

権限委譲　　税金

役所

市場主義
◆市場化テストや指定管理者制度、PFIなど民間活力の導入を図り、競争原理を導入し、より質の高いサービスを提供します。

顧客主義
◆行政にとって住民は顧客です。常に住民の視線で行政を運営し、住民満足度の向上を目指します。

首長　　　競争　　　住民

過度の競争がサービス低下を招くおそれ

民間

評価

ねらいが不明確で、形式主義に陥っている

成果主義
◆行政評価により行政サービスの成果目標を具体的に定め、一定期間ごとに、その達成度を測定します。

サービスの受け手に固定化され、主権者であることを忘れてしまう

議会

弱いチェック機能

3 行政評価で目標・プロセスを明確にする

ここがポイント

- 行政評価の目的は評価することではなく PDCA サイクルを回すこと
- 目標と成果が見えると職員の意識改革が進み政策形成能力が高まる
- 予算を使った結果、何がどうよくなったのかが真の決算（評価）

行政評価の４つの目的

　行政評価には、次の４つの目的があることをおさえておきましょう。

①ＰＤＣＡサイクルの確立と戦略的な自治体経営

　行政評価の目的は評価ではなく、評価の結果に基づき、自治体が実施するサービス（政策、施策、事業）の選択と集中を行い、企業や住民との協働を進め、自治体運営を改善・改革する手段です。ＰＤＣＡは、計画（Plan）⇒実施（Do）⇒評価（Check）⇒改善・改革（Action）の頭文字で、これを繰り返すことから「マネジメントサイクル」と呼びます。

②成果重視の自治体運営を目指し、計画の進行管理を行う

　行政評価ではすべての政策、施策、事業に成果指標を設定し、その達成度を測定します。客観的な尺度を持つことで「どれだけ仕事をしたか」ではなく「どれだけ成果が上がったか」という視点で自治体運営を行うことができます。また、行政評価を使って、自治体の定める基本計画の進行管理を行い、さらなる成果の向上を目指します。

③住民と情報を共有し、協働の基礎をつくる

　行政評価によって自治体の目的、目指す目標、それを実現するための手段、方法、そしてその成果を住民に明らかにし、住民との新たな協働関係を創る基礎をつくります。

④職員の意識改革を進め、政策形成能力を高める

　行政評価を通じて、住民が何を求めているか、現状のままでいいのか、職員は常に自問自答しなければなりません。職員の意識改革を図り、政策形成能力を向上させるのも行政評価の重要な役割です。

評価の３段階

　行政の活動は一般に、政策、施策、事務事業という３階層に分類されます。行政評価もその階層に応じて「政策評価」「施策評価」「事務事業評価」に分類されます。また、行政評価は事後に評価するのが一般的ですが、事前評価や中間評価を行うことがあります。

　政策・施策・事務事業のいずれのレベルで評価を行うかによって、求められる評価の視点や基準、評価時点も異なってきます。

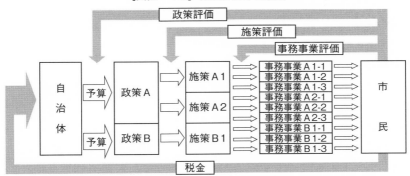

【図表－73】行政評価の３段階

KGI、KPI、そして KDI

　行政でも使用されている KGI（Key Goal Indicator、重要目標達成指標）は企業の最終的な定量目標です。行政では政策、施策評価のレベルです。KGI 達成までの中間目標を明確にしたものが KPI（Key Performance Indicator、重要業績指標）。行政では事務事業評価のレベルです。

　このふたつが成果指標なのに対し、KDI（Key Do Indicator、重要行動指標）は KPI を達成するために、どのような行動をどれだけ実行するのか、したのかという指標です。行政では事務事業評価の中の活動指標として示されており、具体的でコントロール可能な指標、目標です。

　昔、役所では来年の予算を獲得するために予算を「消化する」「使い切る」ことが横行していました。行政評価の目標に予算の執行率を設定する。こんなマネ、しないでくださいね。

4 行政改革で小さな自治体を目指す

ここがポイント

- 自治体の役割は市場で供給困難なサービスを提供すること
- 効率的な自治体は小さくても公共サービスは大きくできる
- 主権者である住民に行政サービスのコストを正確に伝える

小さな自治体になる

　自治体の役割は警察消防、道路公園、学校、上下水道といった生活に欠かせない、市場では供給困難なサービスを提供することです。これが小さな自治体の正体です。

　この仕組みは分譲マンションの所有者でつくる管理組合と似ていて、管理組合は、マンションの維持管理に必要な最小限のお金（共益費）を集め、生活するのに不可欠なマンションの維持管理を行います。

　しかし、自治体には、本来の役割以外の付加的なサービスがたくさんあり、これをなかなか止めることができません。それぞれのサービスにたくさんの利害関係者がつながっているからです。付加的なサービスが増えたために、分譲マンションの共益費にあたる予算を削って、この付加的なサービスに回す。これでは本末転倒です。

効率的な自治体を目指す

　マンションの管理組合はマンションの維持管理を業者に委託します。業者の選定にあたっては、入札と評価を行い、できるだけ安く、しかも入居者の不満が出ないように細心の注意を払います。業者に支払う委託料が入居者の負担する共益費に直結しているからです。

　しかし自治体では、住民の納める税金とその対価として受けとるサービスの関連性が見えにくく、住民の関心度も決して高いとはいえません。行政も「住民が関心を持つと仕事が増える」と向き合おうとせず、結果としてコストや財政状況が無視されることも少なくありません。

上記で挙げた、①利害関係者が多い、②住民の関心が低い、その他にも行政改革を邪魔するものがあります。

　③競争がない。自治体は競争相手のいない独占企業ですから、安い、品質が良いといった評価もありません。これでは改革に力が入りません。

　④改革を進める自治体職員へのインセンティブがない。企業では変革を進め利益を上げればボーナスが出ます。しかし、年功序列の自治体職員の給料は働いても働かなくてもほとんど変わりません。昇給昇格などの人事評価も減点主義ですから、チャレンジより保身に走りがちです。

　⑤**自治体のマネジメントは PDPD の繰り返しで、PDCA サイクルが機能していない**。行革とは「行政経営改革」のことです。時代の要請に合わせて、自治体の大きさも中身も常に変化しなくてはなりません。

　⑥**自治体の国への財政依存体質**。自治体の財源は地方交付税や国庫補助金など、その多くを国に依存しています。自己決定権がなく、国の顔色を伺っている自治体に、大胆な改革を進められるはずがありません。

　⑦**自治体の横並び意識**。「お隣も、車、買ったみたい」「我が家も買おうよぉ」などと必要のないもの買っていませんか？　「うちも LED 照明に替えようよぉ」「お隣も、まだだよ」というように、いつの間にか事業の選択基準が「お隣」まかせになっています。

◢ 行政サービスのコスト表示

　ハンバーガーの値段は原価＋利益です。薄利多売ですから、買う人は購入金額から原価を実感できます。一方、行政サービスのほとんどは「無料」か、原価以下の低廉な価格を設定しているのが普通で、行政サービスのコストを価格から類推することは困難です。

　原価を直感できるハンバーガーなら、瞬時に「高い」「妥当」「安い」と評価できます。同じ満足を得られるなら「安い」ほう、お腹と懐具合によっては、質より量、という選択もあるでしょう。行政サービスには、そうした選択性がないため、コスト表示は重要です。行政サービスが無料なら全額税金で賄われ、安ければ原価との差額を税金で補っているからです。問題なのは、住民にそれが伝わっていないことです。

- 自治体の役割は住民のウォンツではなくニーズを満たすこと
- 事務事業の見直しは「そもそも必要か」から入る
- 現金給付を現物給付（バウチャー）にすれば使途を限定できる

ニーズかウォンツか？

　住民のニーズ（必要性）を満たすのが国や自治体の役割です。ニーズと似たものにウォンツ（欲望）があります。ニーズは、なくてはならないものですから、税金で賄います。ウォンツは「あったらいいもの」ですから、これを満たすのは自治体ではなく企業の役割です。ニーズには際限がありますが、ウォンツは際限なく、いくらでも湧いて出てきます。

事務事業を徹底して見直す

　こども医療費助成制度を例に、事業の見直しを考えましょう。こども医療費助成制度は、医療保険の自己負担分を公費で負担するもので、少子化の進行を遅らせ、子育てしやすい環境をつくる目的で、「△△年までに出生率を○○%に引き上げる」などということを目標に実施されます。

　まず、その事業の目標、目的がニーズを満たすものであるかどうか確認します。目標が定められているか、予算を投じることで目標に近づいているか、もっと効率的な方法で目標を達成できないか、効果は上がっているのか、他に類似の事業はないか、などです。

　医療費補助なら「これで出生率が本当に上がっているのか」「自己負担がないとコンビニ受診（薬局で薬を買うよりも安く済む）が増え、医療費を増加させないか」「医療費の助成よりも、待機児解消や、小児医療の充実に予算を振り向けたほうが効果的ではないのか」という具合です。

　次に、どうして税金を投入しなければならないのか、市場では供給できないサービスなのか検討します。「医療保険の中で自己負担をゼロに

するには保険料を値上げしなければならない」「結局、公費を投入することになるのではないか」などと検討します。

　税金を投入する主体には、国、都道府県、市町村の３つが考えられます。「そもそも、出生率の引き上げは地域で完結する話ではなく国の役割ではないのか」「保険医療の問題はスケールメリットを出すため、個々の自治体で実施するのではなく、国や都道府県単位で実施するか、できるだけ広域でカバーし合うべきだ」という具合で検討を深めます。

　こども医療費助成制度が市町村（都道府県）の役割ということになったら、次は、その役割をどう効率的に実施するかを考えます。

　「償還払い（後払い）は患者の手間がかかる」「保険者に請求させたらどうか」「コンビニ受診をどう抑制するのか」「ジェネリック薬の利用を促進してはどうか」「就学前の児童にまで拡大してはどうか」「保育園の待機児解消や小児医療など、他の施策とのバランスはどうか」などです。

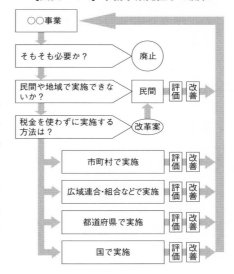

【図表－74】事務事業見直しの流れ

▰ 手当、補助金の使途を限定するバウチャー制度 ──────

　自治体は住民にさまざまな手当や補助金を支給しています。しかし、その趣旨に合致した目的に使われているのか、支給した効果が上がっているのか検証したことはほとんどなく、単なる所得格差是正制度になっています。所得格差の是正（所得の再分配）は本来、国の仕事です。

　バウチャー制度とは現金の代わりに、バウチャー（サービス引換券）を支給することで、これを使えば、自治体が使途を限定して手当や補助金を支給することができます。

6 公会計制度改革で「全て」を「ざっくり」捉える

ここがポイント

- 我が家の台所も家計簿（金銭出納簿）だけではわからない
- 官庁会計（現金主義会計＆単式簿記）では現金の収支しかわからない
- 企業会計（発生主義会計＆複式簿記）で財務状況がざっくりわかる

官庁会計の４つの欠如

　自治体会計は単式簿記、現金主義の官庁会計です。庶民には家計簿の延長でわかりやすい官庁会計ですが、企業経営者からは「わかりにくい」といわれ、次の４つの問題が指摘されています。

　①現金以外の資産や負債（ストック）情報の欠如

　②コスト情報の欠如

　③アカウンタビリティ（説明責任）の欠如

　④マネジメントの欠如

　自治体と同じ官庁会計を採用している国の一般会計予算は110.3兆円（2022年度）です。一方、2021年度末の資産総額は721兆円、負債額は1,376兆円です。国の財政の実態は予算規模をはるかに超えており、現行の予算制度だけで財政を制御することは難しくなっています。

　家計でも同じです。家人の年収800万円がどう使われているかは大切ですが、これだけが家計ではありません。現在価値3,000万円の住居、同70万円の車、2,000万円残っている住宅ローン、これらのことがわかって初めて、我が家の家計を評価することができるのです。

　A保養所の予算には、歳入に利用料が、歳出には事業費として管理運営費、光熱水費、修繕費、臨時職員の人件費などが計上されています。年に一度の決算では、それぞれの予算がどのくらい使われたのかが明らかにされます。これが自治体の予算、決算です。

　しかし、あなたが自治体が経営するA保養所のオーナーだとしたらどうでしょう。もっと、知らなければならないことがあります。

①**A保養所を建設するために借金をした場合の負債額**。自治体も地方債の発行という形で借金をしますが、その管理は通常事業課ではなく財政課か、他の部署でやっているのが普通で、事業課にはわかりません。

　②**A保養所で働く正規職員の人件費**。これも通常事業課ではなく人事課か、他の部署で一括して予算計上するので、事業課にはわかりません。同様に、正規職員に将来、支払うことになる退職金もわかりません。

　③**A保養所の損益を計算するために必要な減価償却費**。通常財産台帳は事業課ではなく管財課か、他の部署で管理しているので、これも事業課にはわかりません。

　オーナーであるあなたは、通常用いている官庁会計では、①～③を含むA保養所のフルコストがわからないので、現在の利用料が妥当な水準なのか、借金を返済している市民や利用者に説明することもできません。

　このため、利用者を増やし、利益を上げるために利用料を値下げするといった経営戦略を立てることなど、到底できないのです。

　それでも、これまで自治体がA保養所を運営（経営ではない）できたのは、自治体の懐が深い（財源全体がA保養所にかかる経費に比べて格段に大きい）からです。しかし、近年の財政難によって、自治体の運営する保養所は次々と廃止されました。廃止は民間企業でいえば倒産に当たりますが、A保養所の負債総額が発表されることはありません。これも、自治体会計では財務状況がわからないためです。

◢ 企業会計でわかること

　企業会計では次の2つのことが可能になります。①発生主義会計によって、現金の収支を伴わない減価償却費や退職金等の把握ができ、フルコストの把握や無駄のないやりくりが期待できます。②官庁会計における単式簿記では現金の収支、「結果」しか記録されませんでした。これに対し、企業会計における複式簿記では、取引の原因と結果を同時に、資産・負債・純資産（資本）・収益・費用の5つに仕訳けして記録でき、財務書類4表の作成で、財務状況を一体的・継続的に把握できます。

7 公会計制度改革でコスト意識を醸成する

ここがポイント

- 財務書類と固定資産台帳を整備し、類似自治体と比較する
- 固定資産台帳を活用して公共施設をマネジメントする
- 単式簿記と複式簿記、現金主義と発生主義、その違いを理解する

財務書類4表（財務4表）とは

　自治体によってまちまちだった方式が、2014年に統一的な基準が示され、2017年度までに、ほぼ全ての自治体において、この基準による4つの財務書類の作成及び固定資産台帳の整備が完了しました。

　①貸借対照表…………資産とその原資が負債か純資産かを示す

　②行政コスト計算書…サービス提供に係る費用と収入を示す

　③資金収支計算書……現金の増減を性質別に示す

　④純資産変動計算書…純資産の増減内訳を示す

　財務4表は、一般会計財務書類の他、特別会計等を含めた全体財務書類、さらに地方公社、一組、三セク等を加えた連結財務書類も作成されます。

【図表－75】企業と自治体の財務4表

企業の 財務4表	貸借対照表 損益計算書 キャッシュフロー計算書 株主資本等変動計算書	自治体の 財務4表	貸借対照表 行政コスト計算書 資金収支計算書 純資産変動計算書

固定資産台帳とは

　公共施設である固定資産の老朽化や人口減少による施設の統廃合など、公共施設マネジメントを行う観点から、固定資産台帳の整備は急務でした。しかし、これまでの公有財産台帳や道路台帳などは、主に面積や個数などの数量面の把握に止まっていました。これらを公会計に連動させ、数量面に加え、取得価格、減価償却等、金銭面を備えた固定資産

台帳を整備します。

　固定資産台帳の活用によって、公共施設の将来更新必要額の推計や、事業別・施設別のセグメント分析など、より精緻な公共施設マネジメントが期待できます。また、固定資産台帳を公表し、民間企業からPPPやPFIに関する積極的な提案を求めることも可能となります。

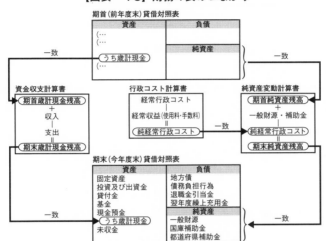

【図表－76】財務４表のつながり

◤ 単式簿記と複式簿記、現金主義と発生主義

　単式簿記では、お金を払って物を買うと支出として記録します。現金が減ったことしか記録しません。これに対し複式簿記では「現金（資産）が減った」一方で「物（資産）が増えた」と記録します。企業の取引における原因と結果、その２つを同時に記録するのが複式簿記です。

　また単式簿記では、借金は収入として（現金が増えたと）記録します。複式簿記では「現金（資産）が増えた」一方で「借金（負債）も増えた」と記録します。

　企業の利益は、売上げ（収益）からコスト（費用）を差し引いたものです。企業会計では現金の収支とは無関係に、売上げやコストが発生した時点で記録します。これを発生主義といいます。

8 協働で築く社会（新しい公共）の青写真を描く

ここがポイント

- 新しい公共には2つのアプローチ（市場開放と協働）がある
- 行政の仕事の市場開放は、「下請け」ではなく「水平分業」
- 住民の参画意欲、企業の社会貢献志向を刺激するのが行政の役割

市場開放から協働へ

　公共性の判断を行政が一方的に担うのではなく、行政と住民、NPO、企業などが公平、対等な立場に立って携わることによって、より質の高い（住民自身が満足するような）サービスを創り出すことができます。これを「新しい公共」といいます。

　実際に多くの自治体で取り組まれたケースで考えてみましょう。駅周辺の歩道や道路にあふれる放置自転車は通行の妨げになるばかりでなく、自転車盗難などの犯罪につながり、その解消が大きな課題となっています。自治体は駅周辺に職員を配置し、規制を強化していますが、この仕事を民間事業者に委託する、これが「市場開放」です。しかし、撤去するそばから放置される「いたちごっこ」が続いています。

　そんな中、駅周辺の町会や商店街、学校などで組織する防犯対策推進協議会と民営駐輪場事業者から、民営駐輪場を2時間無料とする「放置自転車対策プロジェクト」の計画が持ち上がります。買い物客が多く集まる時間帯に、短時間の放置自転車が増えることに着目した計画です。

　無料部分の料金は事業者が負担します。日曜日・祝日に手薄になる放置自転車のパトロールは防犯対策推進協議会が行います。自治体も放置自転車への街頭指導や撤去活動に力を入れサポートします。　こうした取組みの結果、放置自転車は2ヵ月で20％減少しました。

　ときに「下請け化」と非難され、行政の思惑で進められる「協働」ですが、この取組みは複数の組織が自ら結集して、放置自転車の撲滅という地域課題解決のために働き、行政をも動かしたケースです。

地域課題を公民が協力・協調して解決にあたる（協働）

　従来、住民は公共サービスの受け手とだけ考えられてきました。も
し、住民が新たな公共サービスをつくり、あるいは公共サービスのあり
方を変えようとすれば、その意思を首長や議会に伝えるか、ごくまれに
市民参画という形で行政を動かすことしかできなかったのです。

　さらに、それらが上手に機能したとしても、住民が必要とするサービ
スを実現するためには、一定の手続きに時間や労力を要するのが民主主
義のルールです。何より行政機関の、慣行を守り、変化を嫌う体質がそ
の障害となることも少なくなかったのです。

葉っぱビジネス

　ごみゼロ宣言で有名な徳島県上勝町では、住民（お年寄り）が付近の
山で採った葉っぱを高級料亭に「つまもの」として売り出し、今では
「葉っぱビジネス」として1.5億円（2021年度）もの年商を上げていま
す。町民の町を思う気持ちが、小さなアイデアをビジネスにまで発展さ
せた例です。現在は、町の出資する三セクが事業を運営しています。

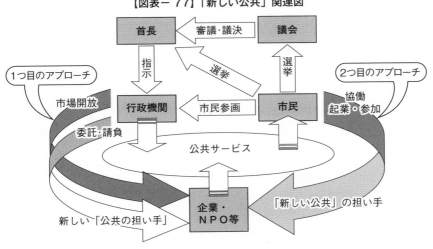

【図表－77】「新しい公共」関連図

9 元気な職員を育て、改革の原動力にする

ここがポイント

- 予算、人事、行政評価制度でモチベーションを維持、向上させる
- 戦略的な人財育成の仕組みをつくり、打たれ強く元気な職員を育てる
- 上手くいかなかったら、もう一回だけ試してみよう！

■ 自治体職員の意識を高める仕組みをつくる

いま、公務員の悪しき平等主義、年功主義の人事給与制度を成果主義へ改めようとする制度改革が動き出しています。行政評価をより精緻なものにすれば、その指標を民間企業の利益と同様に捉え、自治体職員の成果（業績）を評価することは理論上可能です。しかし、忘れてならないのはコスト削減を目的とした成果主義の導入が、個人のモチベーションの低下、組織力の低下という弊害をもたらすことです。

自治体職員個人のモチベーションの低下は、昇任試験の受験率低下に顕著に見られます。ある職員意識調査によれば、昇任試験を受験しない理由に「仕事に魅力を感じない」「重責に耐えられるか不安」「自分の時間が少なくなる」の3つを挙げた職員がそれぞれ半数に上っています。

この状況を打開し、個人のモチベーションを高く保つには、個人の目標（生きがい）と組織の目標（やりがい）を同期させ、個人の成長が組織の成長につながらなくてはなりません。そのためには短期的な成果ではなく、長い目で見られる人事評価制度と人財育成の仕組みが必要です。

■ 自治体職員だからできることをやる

そもそも自治体職員の"やる気"の原動力は給料ではなく"住民の笑顔"でした。採用面接で「住民の喜ぶ顔が見たい」と言ったのも、嘘ではなかったはずです。先の職員意識調査でも「職責に見合う給与が支給されないから受験しない」と答えた職員は2割以下でした。高給取りを目指すなら選ぶ仕事は他にもあります。自治体職員を一生の仕事として

選んだのには、理由があるはずです。

◢ 出ない杭は腐る

　自治体職員の働くフィールドは実に幅広く奥が深いです。職場の仕事だけが仕事ではなく、国や他の自治体、民間企業と一緒にする仕事もたくさんあります。好奇心が守備範囲を広げ、視野が広がると楽しみは増加します。仕事に行き詰まったとき、広がったネットワークに救われることもあります。だから、出る杭は多いほどいいわけです。

　この杭は仕事に限りません。地域活動でも趣味でも何でも構いません。もちろん、動けば失敗することもあるでしょう。しかし、出ない杭は腐ります。黙って何もしないで失敗を待つより、打たれても出てみましょう。出なければ見えないことがあります。打たれて初めて気付くこともあります。打たれて曲がって新しい道が開けることもあるのです。

　いま、求められているのは、出る杭をたくさん持つ元気な職員です。

【図表－78】組織と職員を活かすマネジメントサイクル

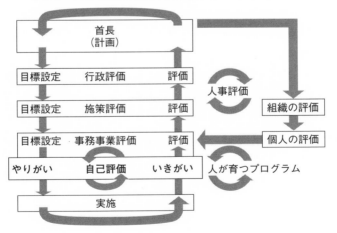

◢ 成功の反対は「失敗」ではなく「挑戦しないこと」である

　私たちの最大の弱点は諦めてしまうこと。成功する最も確実な方法は、常にもう1回だけ試してみることだ。（エジソン）

COLUMN

OODA ループ

　自治体に行政評価制度が導入されてから20年余り。Plan（予算を作り）、Do（予算を執行し）、Check（決算で評価し）、Action（次の予算に反映する）。この PDCA サイクルには２つの欠点があります。

　ひとつは、スピードが遅い。評価結果を次の予算に反映するまで、どんなに早く回しても１年かかるので、Plan（計画）、Delay（遅延）、Cancel（取消）、Apologize（謝罪）と揶揄されています。

　もうひとつは、イノベーションが起きない。非定型業務や新規事業など評価基準が曖昧なものは、そもそも PDCA サイクルが回せません。自治体の仕事の中には、目標はあるが確固たる手段や計画がなく、試行錯誤を繰り返す事業もあるはずです。

　そういうわけで、変化を嫌う役所の PDCA サイクルは、ガラパゴス化する恐れがあります。一方、PDCA サイクルだけでは生き残れない民間企業の間で導入されているのが OODA（ウーダ）ループです。

Observe　先入観や予断を排し、相手をよく観察しデータを集めます。
Orient　　観察して得たデータから、何が起きているのか理解します。
Decide　　理解した状況に対応した具体的な行動プランを決定します。
Act　　　　決定したプランを実行し Observe に戻ります。
　このループを何度も素早く繰り返し目標に近付くのです。

　現段階で、OODA ループが予決算の PDCA サイクルに取って代わるとは思えません。しかし、組織の中で PDCA が回らないのは、想定外の事態が起きているからではないのか？　もしそうなら、Do の中の、裁量に任された部分に焦点を当てて OODA ループを使ってみましょう。計画を起点としない日々の仕事や生活の中で判断に迷ったときにも、OODA ループは素早く解決の糸口を与えてくれるはずです。

索引

おわりに──どうにかなろう

「一言で国を滅ぼす言葉は『どうにかなろう』の一言なり。

江戸幕府が滅亡したるは、この一言なり」

こう言って、江戸城を後にした幕臣、小栗上野介忠順は、知行地である高崎に移住しますが、わずか2ヵ月後、討幕軍の手によって、罪状も明らかにされぬまま、裁判を受けることも釈明する機会も与えられず、1868年、斬首されてしまいます。江戸城無血開城の1ヵ月後のことです。

小栗の墓にはこう刻まれています。

「罪なくして此処に斬らる」

日本初の株式会社をつくったのは誰か、ご存じですか？

坂本龍馬がつくった「海援隊（亀山社中）」⇒不正解！

小栗がつくった「兵庫商社」という貿易会社です。

1860年、日米修好通商条約批准交換の使節団の一員として渡米した小栗は、パナマ鉄道の建設資金が政府からではなく商人から集められたもので、利益が出たら商人たちに還元されるという仕組みを知ります。現在のPFIです。帰国後、幕府の外国奉行となった小栗は、これを遅れていた日本のインフラ整備に活用しようと考えたのです。

兵庫港をつくるため大阪商人に出資させ、兵庫商社という貿易会社を設立。築地の土地を無償で貸付け、出資者を募り、西洋式の築地ホテルを建設。1865年、フランスから240万ドルを借款して横須賀に造船所（現在の在日米軍横須賀海軍施設地）を造らせたのも小栗でした。

作家の司馬遼太郎は小栗のことを「明治の父」と称しましたが、もし、小栗が42歳の若さでこの世を去るようなことにならなかったら、渋沢栄一に替わって、新一万円札の顔になっていたかもしれません。

冒頭の小栗の死のような不都合な真実が、明治の時代からつい最近まで、150年もの間、隠蔽され続けてきました。

そして、これが「勝てば官軍」の意味する真実なのです。

アメリカから帰国した小栗が造船所建設の必要性を訴えていたころ、

ある幕臣が小栗にこう問いかけたそうです。

「これから大金をかけて造船所を造っても、それができあがるころには、幕府がどうなっているかわからないではないか」

小栗は答えました。

「幕府の運命に限りがあるとも、日本の運命には限りがない。私は幕府の家臣であるから幕府のために尽くす身分にあるけれども、結局、それは日本のためであって、幕府のしたことが長く日本のためとなって、徳川のした仕事が成功したのだと後に言われれば、徳川家の名誉ではないか。国の利益ではないか」

小栗の日本を思う心、当事者意識の強さを感じずにはいられません。

「一言で国を滅ぼす言葉は『どうにかなろう』の一言なり」

自治体の財政を預かる私たちが当事者意識を持たないでどうする！

150年前の小栗からそう言われたような気がします。

さて、コロナとの戦いによって保健部門は忙殺され、ワクチン接種など自治体の仕事は純粋に増えています。その戦いの前線に応援職員を派遣するため、どの職場も慢性的な人手不足に陥っているのも事実です。もちろん、日々の業務の中でも「感染拡大防止策」を講じなければなりません。金がない、人がいない、時間がない。

しかし、それでも実際の仕事は、どうにかなっています。

それは、不要不急の仕事を廃止、縮小、中止、休止、延期……知恵を出し、工夫を続けているからに違いありません。考えてみると、コロナは悪い奴ですが、私たちに事業の「ビルド＆スクラップ」のチャンスを与えてくれたともいえるのです。

『どうにかなろう』で滅びるか、ピンチをチャンスに変え、持続可能な自治体運営に舵を切ることができるか。

私たちは、その分岐点に立っているのです。

2023年5月

定野 司

■著者紹介

定野 司　（さだの　つかさ）

　文教大学客員教授。1979年、足立区に入区。財政課長時代の2002年に導入した「包括予算制度」が経済財政諮問会議の視察を受け注目を浴びる。以来、一貫して予算制度改革やコスト分析による行革を実践。環境部長時代の2008年から事業仕分けに参加。総務部長時代の2012年、新しい外部化の手法を検討する「日本公共サービス研究会」を設立するなど、自治体間の垣根を越えて持続可能な自治体運営に取り組む。2015年から2期6年、教育長を務め退任。2021年10月より現職。ヒトが育ち協働して創る未来をめざす「定野未来協創研究所」主宰。「新しい自治体財政を考える研究会」代表理事。

　主な著書に、「図解よくわかる自治体予算のしくみ」（2022年）、「合意を生み出す！ 公務員の調整術」（2020年）、「マンガでわかる！ 自治体予算のリアル」（2019年）、「自治体の財政担当になったら読む本」（2015年）、「みるみる仕事が片づく！ 公務員の時間術」（2013年）などがある。

協力　小澤　華奈　（おざわ　かな）

　札幌市に10年間勤務。福祉や広報、まちづくりの部署を経て、2021年より「新しい自治体財政を考える研究会」（2022年8月に一般社団法人化）に参画。主任研究員として「現場の最前線にいる自治体職員の幸せ」を探求中。

自治体予算の基本が1冊でしっかりわかる本

2023年5月16日　初版発行
2023年12月5日　2刷発行

著　者　定　野　　　司

発行者　佐　久　間　重　嘉

発行所　学陽書房

　　　　〒102-0072　東京都千代田区飯田橋1-9-3
　　　　営業　TEL）03-3261-1111　　　FAX）03-5211-3300
　　　　編集　TEL）03-3261-1112
　　　　http://www.gakuyo.co.jp/

装丁／佐藤博　　イラスト／松永えりか（フェニックス）
DTP制作・印刷／東光整版印刷　　製本／東京美術紙工